見た目が若いは、武器になる。

一生劣化せず、今すぐ若返る。
禁断の8スキル

八藤浩志（はっとう ひろし）
HMdメソッド／ネイルステーション代表

今年で「52歳」。
でも、ずっと「38歳」です。

はじめまして。八藤浩志です。

会員制ネイルサロンとして関東・関西に26店舗を展開する「ネイルステーション」（1997年創業）の代表を務めています。

私は、今年で52歳。

ですが、永遠に「38歳」。
そこから歳をとらない。
そう、自分で決めているのです。

体を壊し、「若返り」に開眼

サラリーマン時代を経て30代で会員制ネイルサロン「ネイルステーション」を事業化し、上場を目指していた私は、当時、睡眠時間を極限まで削って働き詰めました。

体調を崩したのは、40歳を過ぎて少し経った頃。体のあちこちが悲鳴をあげていました。

精密検査を受けた結果、病名は「結核（けっかく）」。

伝染する恐れがあるとして、選択の余地なく隔離（かくり）病棟への入院が決まりました。人生を懸けてきた仕事と道半ばで引き離されたこと。その事実を受け入れられず、入院中は体を粗末に扱った自分を責めました。

幸運なことに早く回復に向かい、３カ月後に無事退院。すると気持

こちらは、2016年の写真。隣に立つのは私の息子。
そして、私が抱いているのは孫です。

入院直前

入院する直前、2005年頃の私。顔色は悪く、頬もこけ不健康そのものですね。当時、会社の上場を目指して昼も夜もなく働き続けていました。

退院後

退院後、必死になって健康法を模索していた頃。美容クリニックでボトックス注入などの施術を繰り返していました。当時43歳ですが、今より老けて見えます。

ちも前向きになり、この機会を無駄にせず「何かに活かせないか」と考えるように。そこで人間がいつまでも若々しく健康的に過ごせる仕組みを作り出すことを決意したのです。

それから11年間、美容・健康関連の本を読み漁り、美容クリニック、トレーニング専用ジム、育毛サロン、アンチエイジングドックなど、若返りや健康にいいとされるものは、ありとあらゆることに取り組みました。若さと健康を求めてこれまでに費やした金額は、優に1億円を超えていました。

その経験より、導き出したのが本書で紹介する「ＨＭｄメソッド」です。

数々の経験を経て、確信していることがあります。それは、若さや健康はお金で手に入れるものではなく、自分自身で作り出せる「人間の持つ秘めた能力」だということ。能力の獲得には常に努力が付き物ですが、訓練さえすれば、誰でも必ず手に入れることができるのです。

みなさんも必ず若返ることができます。本当に、「見た目が若いは武器になる」。ぜひ信じて本書を読み進めていただけると嬉しいです。

GLOW YOUNGER BY HMd METHOD

HMdメソッド「若返り」成功者たち

我慢せずに楽しみながら「ベスト年齢」まで若返った9名。体組成も大幅に改善し、健康的に。人生が確実に前進しました。どの写真もすべて撮影状況は同じで「自分が一番良く見える服とヘアメイクで来て」と伝えたものです。

CASE.1

Yさん（46歳）

自分を知ることで、どこを改善すればいいか？　が明確に。努力すべき点が分かったことで、以前より楽しく若返りに励んでいます！　マインドもポジティブに変化。おかげで素敵なパートナーと出逢え、念願の仕事にも就くことができました。

CASE.2

Sさん（46歳）

自分自身の魅力に気づき、ヘアメイクや美意識の方向が大きく変化。頑張りすぎる自分と決別し、いい意味で肩の力が抜けました。友人にも「雰囲気が柔らかくなった」と言われます。現在は美容関連の職に就き、若返りに磨きをかけています！

CASE.3

Kさん（46歳）

一番変わったのは、内面でしょうか。以前は自分に自信がなく、満たされなさを感じながら生きていました。それが一変。自分の長所を正面から捉えられるようになり、毎日をアグレッシブに生きられるようになりました。家族も大喜びです。

CASE.4

Nさん（42歳）

二の腕のたるみと下半身が引き締まり、疲れにくいタフなカラダに！

くすんでいた肌にハリが出て、肌が明るくなった気が。生活全体への意識が高まり、家族の健康を保つための食事作りや効率的な家事の仕方を研究中。毎日楽しいです。

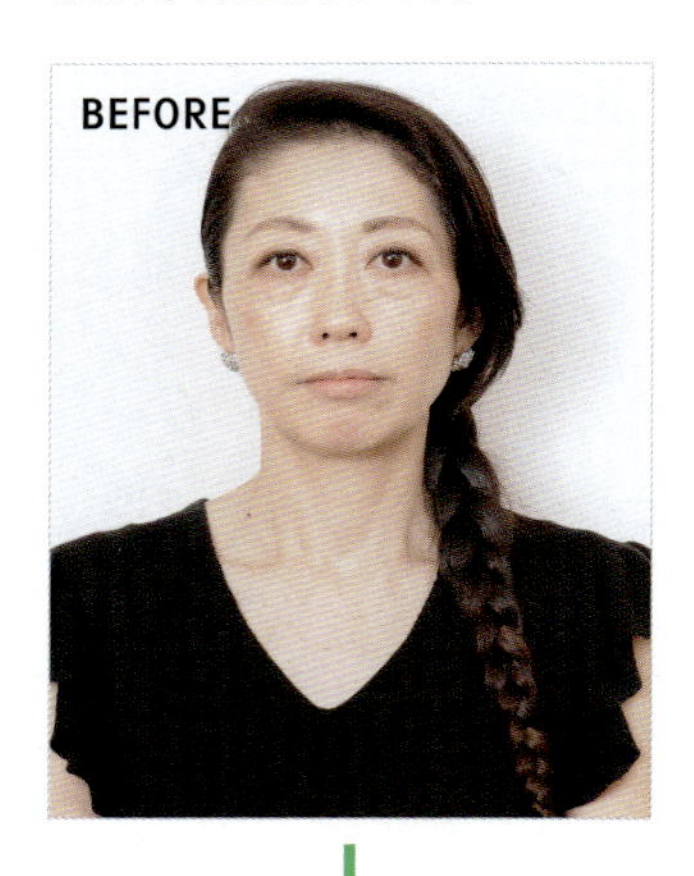

CASE.5

Hさん（39歳）

まず、わずか3ヵ月で体重が13kg減って、服のサイズが変わりました！　食生活の改善や「歩くこと」の習慣づけもできるようになってきて、健康に気を使う意識が芽生えました。今までの生活を見直すことができて本当によかったです！

CASE.6

Oさん（42歳）

食事の改善と簡単なトレーニングだけでスルスルと体重が落ち、結果、たった3ヵ月でマイナス10kg！　仕事柄、長年の悩みだった首と肩、足腰の痛みがなくなり、体がとっても軽くなりました。メイクやスキンケアへの意識もぐんと高まりましたね。

CASE.7

Nさん (44歳)

週1の短いワークアウトだけで、気になっていた腹部がペタンコに。姿勢も良くなり、腰痛と肩こりも改善しました。またパーソナルカラー診断により、ファッションにも興味が。周囲から「おしゃれになった」と言われるようになりました。

CASE.8

Nさん (33歳)

自分は地味だと思っていましたが、少し華やかに変身できたかな？　以前は過食に走りがちでしたが自然とセーブできるように。食事も体に良いものを選んでとるようになって夫の肌の調子まで改善。今は夫婦で引き続き実行しています！

HMdメソッド
禁断の8スキルとは？

←

CASE.9

Aさん（33歳）

結婚してから全体的にぽっちゃりとしてしまい、特にあご下のお肉が悩みでしたが、7キロ減に成功！　フェイスラインがシャープになりました。美意識に火が付き、メイクアップ技術も劇的に向上。ビューティブロガーとしても活動中です。

SKILL.2
NUMBER

若返りは、意識的に取り組むとより効果を発揮。ベスト年齢など何事にも「基準」を設けることで、より意欲的に取り組めるように！

SKILL.1
PICTURE

写真を駆使し、他人の目線で自分を見る能力を磨く。「客観性」を養うことは「垢抜ける」ことと直結します。脳をプチ芸能人化させるのです。

FOR HMd METHOD

SKILL.6
CORE

不調の原因は、体幹の衰えにあり？簡単トレーニングで体幹力を鍛え、身体の機能を底上げする。バランスよく引き締まった体型もGET。

SKILL.5
CONTINUE

「見た目が若い」を手に入れるには、日々の積み重ね。美のパフォーマンスを高める朝のルーティンで、継続する力に磨きをかけましょう。

SKILL.4
HAIR

「生え際に産毛ゼロ」は、薄毛へのカウントダウンの始まり！ 産毛を生やす究極のシャンプー方法で、時間を巻き戻しましょう。

SKILL.3
HUNGER

揚げ物、ラーメンetc…。好きなものを食べても、決して老けない食事法を伝授。本当の食欲を知り、空腹を楽しめるマインドも手に入る！

FORBIDDEN "8 SKILLS"

SKILL.8
SWITCH

不老を手に入れている人は、例外なく「美への意識」が高い！ 若返りの原動力・美意識を高めてくれる「お助けアイテム」を全方位で紹介。

SKILL.7
SLEEP

若返りには、「質の高い睡眠」がモノを言うのです。頭を空っぽにする入眠儀式をはじめ、「睡眠力」を高める数々の習慣を伝授します。

獲得した人から若返る、８つのポイント

●PICTURE　写真は客観的に自分を見るためのツール。「他人の目線」で捉えるという客観性を養うことで、自分の魅力を引き出すメイク、ファッションがわかるように。若返りの成果を可視化できるため、やる気UPにも貢献します。

●NUMBER　若返りは漫然とやるのではなく、良いイメージを持ったり、意識的に行うとより効果がアップ。ベスト年齢、先端ケアの頻度、「勝ち負け」の日の割合。明確な「数字の基準」を設けることで、より前向きに取り組めるようになります。

●HUNGER　心身ともに若々しく生きていくためには、食事が第一。揚げ物、スイーツ……。好きな物を食べても決して老けない、太らない食事法をお伝えします。胃腸を若返らせる食習慣、抗酸化力を高めるフードも味方につけましょう。

●HAIR　男女問わず、若さを印象づける髪。「生え際」にスポットライトを当てて、髪を育てるシャンプー法、頭皮マッサージの方法を伝授します。顔の印象を左右する

「眉毛」、老いの象徴「白髪」の扱い方も解説。一気にマイナス15歳を狙います！

●CONTINUE　日々の積み重ねは最も大切なこと。生活に「美の儀式」を組み込んで続けることで、健康なマインドと誰もが羨む若々しい見た目を獲得できるのです。美のパフォーマンスを高める朝のルーティンを詳しく解説します。

●CORE　体幹を鍛えずして、理想のボディラインは手に入らない！　加齢とともに衰えがちな「体幹力」をトレーニングで徹底強化。身体の機能が高まり、内臓も正しくワークするようになるので、不調も改善すること間違いなしです。自然に深い呼吸もできるようになるので、細胞レベルでの若返りを実現します！

●SLEEP　細胞の修復・再生、排泄を促すには、「質の高い睡眠」が命！　不老を叶える睡眠は寝る前1時間の過ごし方にすべてがかかっているといっても過言ではありません。「睡眠力」を高める夜習慣を伝授します。

●SWITCH　キレイでありたい、格好よくありたい——。その気持ちこそ、若返りの一番の原動力なのです。美意識のスイッチを押してくれるアイテムを味方につけて、一生劣化しない見た目を手に入れましょう！

CONTENTS

STAFF

構成　平田桃子（verb）
デザイン　楯 まさみ
撮影　BOCO
イラスト　加納徳博
中村知史
P38～41、P98～99、P114、P115、P135、P137、P139、P141、P143、P146、P147
ヘアメイク　森 清華
スタイリング　テラクボカナメ
校正　深澤晴彦
企画　Ties Brick inc.
プロデュース　永末まゆ
編集　高木沙織
編集統括　吉本光里（ワニブックス）

SKILL.5 CONTINUE

SKILL.6 CORE

SKILL.1
PICTURE

毎週月曜の「自撮り」で シビアに自分を見つめる

撮影した写真を「他人の目線」で見つめ直し
今の自分の課題をあぶり出しましょう。
一歩ずつクリアすることで、見た目は若く。
合い言葉は「若返りたければ、自撮りを！」。
恥ずかしいなんて、言っていられません。

1 毎週月曜の「自撮り」でシビアに自分を見つめる

写真は若返り意欲を高める、スイッチ

「若返りたければ、自撮りを！」

私がＨＭｄメソッドの講座で、くり返しお客様にお伝えしていることです。写真を撮影する目的は大きく分けて３つあります。

①自分の若返りの「進捗」を確認するため

今やっていることが若返りにつながっているのか？　疑問に思うことは、多々あるかと思います。それもそのはず、時間を巻き戻そうとしているのですから。**その結果を可視化（証明）するため**に撮影するのです。

②自分をブラッシュアップするため

写真は、客観的に自分を見るためのツール。**他人の目線で自分を見つめ直す**ことが

できるので、容赦なく課題が出てきます。その課題を一歩ずつクリアすれば、確実に若返りにつながるはずです。

③若返りへの意欲をよりいっそう高めるため

自撮りが習慣になると、「少しでもキレイに（かっこよく）写りたい」という意欲が高まります。撮影に備えて、口角を上げる練習をしたり、眉を整えたり、顔色が映えるファッションやメイクを考えたり。**無意識でも若さを選び取るようになります。**

撮影日を月曜日に設定しているのは、休日にリフレッシュした後のほうが断然、顔の調子がいいからです（※土日休みでない方は、お休み明けに設定してください）。

写真を撮影する時は、なるべく自然光で撮影すること。また加工アプリの使用もNG。角度は真正面がいいですね。ななめ上から撮影すると、目が大きく、あごが小さくシャープに写ってしまうので……。あくまでも、現在の若返り状況と課題を確認するために撮影するのですから、アプリや角度でごまかしては意味がありません。

そして並行して月に1回、友人やパートナーに全身写真を撮影してもらいましょう。全身のバランスなどトータルで確認できますし、より準備に気合いが入るはずです！

写真は、美容への意識を高める起爆剤。まず始めるべきは、「自撮り」です。

2

10年前と今の写真を並べて「具体的に」追い込む

漠然と感じている「老い」を分析

鏡を見て「老けたな〜」と感じても、**具体的にどのパーツがどのように劣化したか、答えられる方は少ないはず。**人は漠然と自分の「老い」を感じているものです。そこで客観的に自分の老いを見つめ直すためにも、写真を活用していただきたいのです。

まず、10年前の写真を探してください。なるべく真正面を向いているもの、自然光で撮影された写真がベストです。そして、現在の写真と並べて比較してみてください。

確認いただきたいのは、以下の項目です。

- **顔のたるみ**（顔の筋肉が下がっていませんか）
- **フェイスライン**（輪郭はぼやけていませんか？）
- **パーツの位置**（眉毛、唇、両目、鼻）

- **老けシワの有無**（目尻、眉間。ほうれい線はありますか？）
- **肌質**（肌のハリ、顔色はどうですか？）
- **シミ、そばかすの有無**（増えていませんか？）

10年前の写真と今の自分を比較して、老け方を徹底的に研究するのです。少し勇気がいるかもしれませんが、若返りのステップを踏むためには大切な作業です。

たとえば私の場合、顔の筋肉が下がっていることが判明。朝晩のフェイスマッサージと頭皮マッサージでリフトアップを目指しています。同時に眉の形をアーチ状から平行に整えました。というのもヘアメイクの先生に、「顔のたるみが気になる場合は、眉毛を平行にすると気にならなくなる」と聞いたからです。なるほど、確かに目立たなくなりました。

反対に10年前は顔が土気色で、不健康そのもの。そのため、健康管理（生活習慣の見直し・食生活の改善）に力を入れて、健康な顔色を手に入れることができました。なにもかも、自分の老け方を研究したおかげです。

みなさんもまずは10年前の写真を引っ張り出して、自分の老いとまっすぐ向き合ってください。大丈夫です、その劣化を改善すればあなたは必ず若返ります。

3

「なりたい自分」とっておきの1枚を選び出す

あなたの理想を体現した、芸能人は？

まずはご自身の理想をすべて体現している芸能人をピックアップして目標を設定しましょう。

女性でしたら、井川遥さんでも、石原さとみさんでも、深津絵里さんでも、天海祐希さんでも。男性でしたら、向井理さんでも、西島秀俊さんでも、谷原章介さんでも、香取慎吾さんでも。芸能人にも様々なタイプがおられますね。ここでは、「私のポテンシャルなんてこれくらい」というあなたの思い込みは無視して、必ず1人選んでください。

ここで注意。お客様でもよくあることなのですが、決して好きな芸能人を挙げるのではありません。なりたいイメージにすべて当てはまる人をあげてほしいのです。

次に、インターネットでその人の名前を入力し、画像検索します。

芸能人やモデルは、職業柄、演じる役や雑誌のテイストなどに合わせて変幻自在に

変わります。テイストの違う洋服を着たり、様々なヘアスタイル、メイクを施しているので、より自分の目指すイメージに近い写真を見つけるのです。

写真を選んだ後の具体的なフローは、次のページを参照ください。

そのフローを経て、あなたがピックアップした人物が本当に「なりたい自分」なのか、そして「努力でたどり着けるのか」を再確認します（ブレイクダウン）。この過程を経て、本当に目指すべき着地点を探すのです。そうして、**とっておきの1枚を見つけ出したら、いつでも確認できるよう、携帯にでも保存しておいてください。**

理想のアイコンが決まれば、アジャストしていくのみ。徹底的にその方を研究し、少しでも近づけるように、メイクや髪型、服装、体型、表情などを改善していきます。そして、週に1度（もしくは月に1回）撮影したご自身の写真と、「とっておきの1枚」を比較して見つめ直します。「もう少し、体を絞る必要がある」など、次の課題をどんどん見つけて、その人に近づけるように、自分を変えていくのです。

私にとって、とっておきの1枚はB'zの稲葉浩志さんの写真です。嬉しいことに努力を重ねていくうちに「稲葉さんっぽい！」と言われることも増えてきました。

ご本人には到底なれなくても、諦めず努力を続けていけば、少しずつ同化して、板についてくるものです。努力あるのみ！　ですね。

ROUTE TO “MY IDEALS”

「なりたい自分」にまっすぐたどり着く方法

①

なりたい自分に近い写真を選びましょう

インターネットの画像検索などを活用して、目指したい芸能人やモデルなどの
「この1枚！」の写真を探し出します。
男女ともに5歳以下（30代は3歳以下）の方々から探すのがおすすめです。

---

②

選んだ写真をチェックしましょう

そもそも同じ人種ですか？

外国人を目指すのは現実的ではありません。

そのヘアスタイルにできますか？

ショートヘアの方がロングヘアを、ロングヘアの方が
髪の毛を切るつもりがまったくないのにショートヘアを選んだりしていませんか？
髪の色や質感にも注目して実現可能かチェックしましょう。

そのメイクは自分で真似できそうですか？

特にアイメイクに注目しましょう。たとえば、ぱっちり二重の目の方が、
クールな切れ長の目のメイクを真似しようとするのは現実的ではありません。
その逆もしかりです。

努力によってその体型に近づけそうですか？

線の細い方はグラマラス体型を目指すより現状を活かす方向で
考えるのがいいでしょう。男性もスラリとした体型の方が筋肉を付けたいと思うなら、
ガタイのいいマッチョ体型よりも細マッチョを目指すのがおすすめです。
体型の「カテゴリー」が似通った目標を見つけてください。

一つでも「NO」があったらもう一回 ①へ

その写真を徹底的に研究しましょう

肌の質感

たとえば「さらさらマット肌」「ツヤありのウェットな肌」「ナチュラルな素肌感」等々、
肌の「質感」に注目します。

ヘアスタイル

長さや色、パーマのありなし、分け目、前髪の処理の仕方、質感など
詳しく研究します。特に男性はメイクをしないのでヘアスタイルがとても大切です。

体つき

「筋肉の付き具合」などをチェックしましょう。
こちらも特にメイクをしない男性にとって大事なポイントです。

メイク

まずはそのメイクをそのまま真似るところから始めてみましょう。
メイクで特にポイントとなるのは眉毛（幅、太さ、角度）、
そしてアイメイク（シャドーの入れ方、アイラインの引き方）です。
また、チークは色と入れる位置が大事です。
ちなみに眉毛は男性にとってもかなり重要です（詳しくはP104）。

ファッション

ファッションのテイストを注意深く研究します。
既存の雑誌で近いテイストを当てはめてもいいでしょう。こちらも男性こそ大切。
たとえばシャツ1枚とってもその素材によって雰囲気は大きく変わります。
コットンのシャツでも光沢のある上品なタイプから
ダンガリーやオックスフォードなどのカジュアルな1枚まで様々です。

その他いろいろ気づいたポイントを思いつく限り列挙しましょう

TO DOリストを作成しましょう

③を見ながら、自分が行えばいい具体的なTO DOリストを作ります。
さあ、あとは近づくために「やること」を思いっきり楽しみましょう！

4 「こうなりたくない」を列挙して自分の理想形をあぶり出す

「理想」を言語化するのは、至難の業

前ページで自分の理想を探し出しましたが、そこでつまずいた方もおられるでしょうか。実はＨＭｄメソッドのお客様も「あなたは人にどのように見られたいですか？」と聞くと、大抵の方が言葉を詰まらせます。お気持ちは、とてもよくわかります。なんとなく「こうなりたい」、「こう見られたい」という理想はあるけど、言語化するのは難しいですよね。

そこで実験です。「こうはなりたくない！」「こうは見られたくない」という条件を挙げてみてください。さっきとは打って変わって、スラスラと出てきませんか？

せっかくなので、もう一つ。「健康とは？」という質問より、「不健康とは？」の方が答えやすくありませんか？　食生活が乱れている、昼すぎまで寝ている、無精髭を生やしている、顔色が悪い……。いくらでも出てきます。

人は「こういうのは嫌だ！　ダメ！」という基準は、明確に持っているもの。しかし、好きなものには理由がない。そのため、言葉にするのが難しいのです。

まれに目指している人物像との（レベルの）差を察知していて、「口にするなんておこがましい……」と口ごもる方もいますが、圧倒的に前者のパターンの方が多いです。

せっかくなので、その心理を「なりたい自分探し」に利用しようじゃありませんか。

- **どの系統にはなりたくない？**（ナチュラル、キュート、クール、セクシー）
- **どんなメイクはしたくない？**
- **どんな服装は着たくない？**
- **どんな髪型はしたくない？**

大きな紙を用意して、思いつくままに書いてみましょう。なりたくないイメージを体現している芸能人がいるのなら、その人の名前を書いてみてもいいですね。誰に見せるものでもありません。遠慮なく、たくさん列挙してみましょう。いわば「なりたくないイメージ」の対局にあるのが、あなたの理想のイメージのかけら。その要素をたくさん積み重ねていけば、目指す理想形をあぶり出せるはずです。

5 そのメイク、似合うと思っているのは自分だけかもしれない

自己流のワンパターンメイク、卒業しませんか？

メイクは、自己流のやり方を貫いてしまいがち。なぜなら、自分が若かった頃のメイクには、自分を良く見せることができた「成功体験」があるので、なかなか手放すことができないのです。

ＨＭｄメソッドのお客様でも、「ノウズシャドウで立体感を出さないと」とか、「私にチークは似合わない」という声をよく聞きます。

私は、メイクはその人の顔立ちの美しさを最大限に活かしてくれる魔法だと思っています。だからこそ、自分に似合うメイクを知っているということは、より輝ける武器を持っているということ。男の私からすれば、本当に羨ましいものです。

しかし、逆に定番メイクがご自身の魅力を半減させるような10年前のメイクだったら……。こんなに恐ろしいことはありません！

そもそも、メイクには4つの種類があるのをご存知でしょうか？

・**ナチュラル**（優しく、柔らかい印象。自然な仕上がりで、やや色味を抑えたメイク）
・**キュート**（丸く見せるアイメイク、ピュアなチークが特徴。女性らしさをアピール）
・**クール**（シャープでハンサムな印象。アイラインで目尻に重厚感を出すのがポイント）
・**セクシー**（立体感のあるツヤ肌、ぽってりとした唇が特徴。色っぽさをアピール）

なりたい理想のイメージも考慮する必要があるのですが、**ご自身のキャラクター、パーソナルカラー（詳しくはP42で解説します）、行く場所・ファッション、髪・肌の色・目の色によって似合うタイプのメイクがあるのです。**

それを大きく外していると、どこかちぐはぐな印象を与えます。失礼な言い方になりますが、ちょっと垢抜けず、野暮（やぼ）ったく見えてしまうのです。

でも自分がどのタイプのメイクが似合うかわからない……という方も多いことと思います。自分はどのタイプに属するのか？　自分にとって理想的なメイクとは？　その見つけ方は、次のページで紹介します。

WHICH IS MY TYPE ?

自分のタイプの見つけ方

①

自分では「何タイプ」だと思いますか？

まずは左のチャートを見て、自分が思う「自分のタイプ」のゾーンに点を打ってみましょう。

②

私はどのタイプ？　まわりに聞いてみます

最低3人、できれば5人以上の周囲の人たちに「私はどのタイプでしょう？」と聞いてみましょう。たとえば友人同士が複数集まった際などに本書を持っていき、「こんなチャートがあって、私たちってどのへんだろう？」などライトなノリでお互いに聞き合ってみては？

③

周囲が思う「あなたのタイプ」を深掘り

一番、多く票が集まったタイプが、客観的な「あなたのタイプ」です。P38以降で似合うメイクなどの傾向をチェックしましょう。複数のタイプの票数が同じ、もしくは近い場合は双方をチェックしてバランスよく取り入れてください。

ギャップがあったらむしろラッキー！

①で判断したタイプと同じでしたか？ まったく別のタイプになったという方が多いです。ギャップがあったなら、今その隔たりを知ることができてラッキー。これから、自分に本当に似合うスタイルを意識していけばいいのです。ぜひ自分を見つめ直すきっかけにしてください。

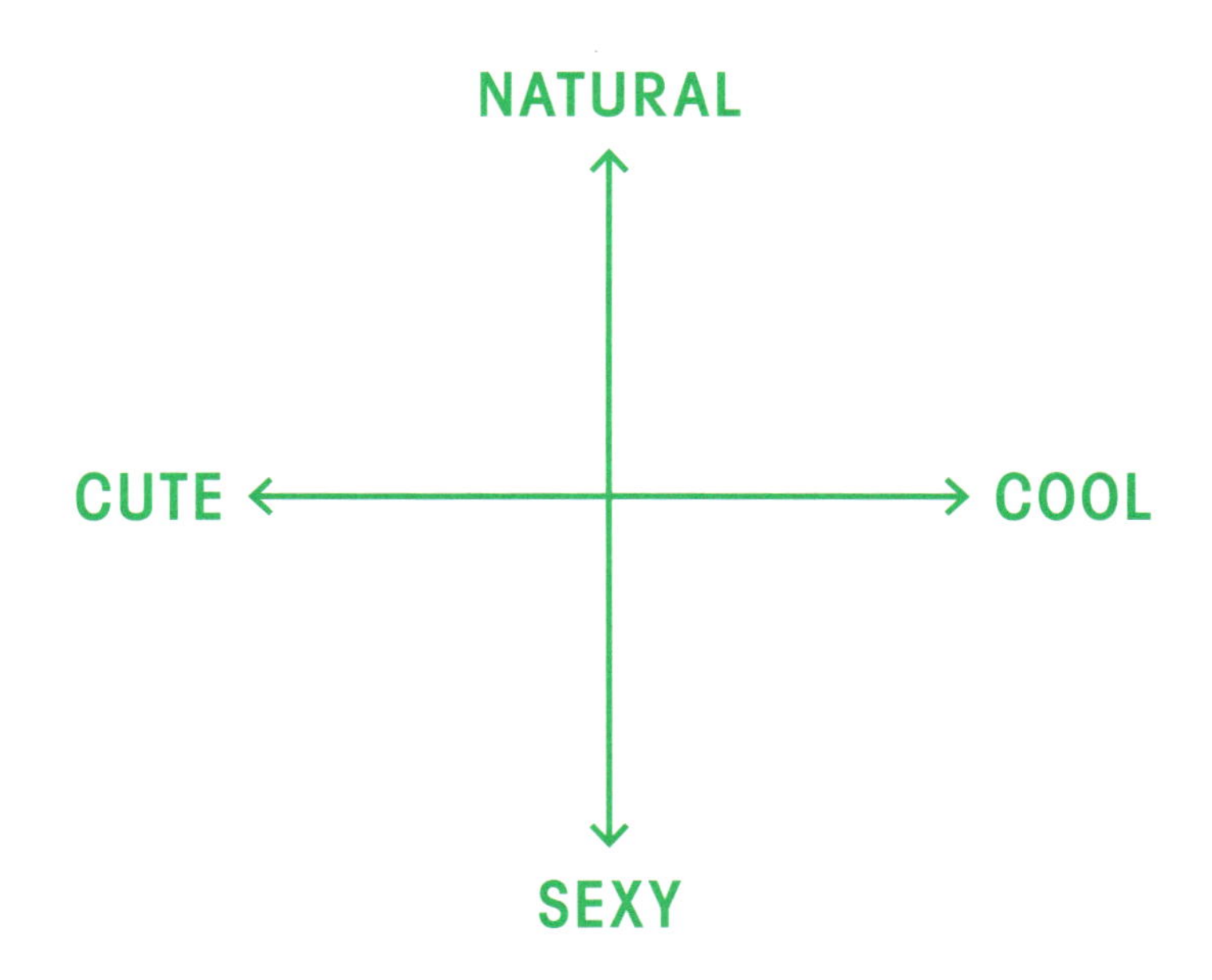

SEXY	COOL	CUTE	NATURAL
色気	**凛としている**	**愛くるしい**	**さわやか**
華やか	**かっこいい**	**アイドル的**	**癒し系**
ワイルド	**鋭さ**	**甘い**	**透明感**
井川遥	吉瀬美智子	深田恭子	菅野美穂
篠原涼子	黒木メイサ	宮崎あおい	深津絵里
橋本マナミ	天海祐希	石原さとみ	上戸彩
武田久美子	北川景子	小倉優子	綾瀬はるか
谷原章介	松田翔太	小池徹平	向井理
斎藤工	西島秀俊	香取慎吾	妻夫木聡

NATURAL

派手なメイクでは素の魅力を隠してしまいます。
少し物足りないかな、と思うくらいの自然体がベスト。

HAIR

自然体でやわらかい感じを意識。ストレートすぎず、ゆるやかな流れを作る。

BROW

眉毛はあまりいじらず自然の形を活かす。

EYE

アイシャドウはベージュ系でさりげなくまとめる。

CHEEK

コーラル系のチークをほんのりと、のせる。

LIP

唇の色に近いピンクベージュのリップやグロスのみ。

このタイプの男性は…
眉はほぼいじらず、髪は作りすぎず自然な爽やかに見える短めカットに。耳まわりや襟足を短めに仕上げる髪型が似合います。

CUTE

このタイプのアイドル的な魅力は年を重ねても不変のもの。
ただし「若作り」になりすぎないよう「クラス感」をプラスすること。

HAIR

丸みがあり、前髪～全体にかけて少し重みのあるスタイルに。毛先はカールでかわいらしく。

BROW

丸いアーチ状に仕上げて、眉頭は離す。

EYE

アイラインの目尻は短めに、黒目の上は少し太めにして強調。

CHEEK

ピンク系をふんわり丸くのせる。

LIP

明るいピンクベージュ系をセレクト。

このタイプの男性は…
眉はあまりいじりすぎず、ムダ毛を処理する程度に。髪型はマッシュベースや、前髪が下りたスタイルで丸みのある髪型が似合います。

MAKEUP METHOD FOR YOU

似合うメイクが美への「近道」に

COOL

同性も憧れるような凛としたかっこよさが何よりもの魅力。
特にキュート系のメイクではちぐはぐな印象になりがちです。

HAIR

ストレートでタイトなスタイルがベスト。動きを出す場合はシャープなハネ感を。

BROW

キリッと細めなストレート眉に。

EYE

アイラインを目の形に沿って長めに引く。

CHEEK

ベージュ系、オレンジ系を、頬骨からこめかみにかけて斜めに入れる。

LIP

ベージュ系のリップをセレクト。

このタイプの男性は…
眉はキリッと整えましょう。髪は短髪でしっかりスタイリング、もしくは後ろに流すようなかっちりとした髪型に。

SEXY

魅力として備えている「色気」を、臆することなく全面に出すのがベストです。ナチュラル系のメイクでは逆に老けて見えがちです。

HAIR

前髪に立ち上がりをつけたウエットなヘアスタイルが似合う。

BROW

眉は太めに仕上げて、目と近づけるように。

EYE

アイシャドウはシャイニー系で上下にしっかりと。

CHEEK

オレンジベージュ、ピンクベージュ系の色を、外側よりに「◀」の形で入れる。

LIP

ピンクベージュ系のヌーディー色をオーバーリップ気味に塗り、グロスをオン。

このタイプの男性は…
眉は長さの調節をして緩やかなへの字になるようにします。髪型は少し長めでパーマなどの無造作ヘアーもしくは、整髪料などで後ろに流してセクシーに。

メイク監修：HMdヘアメイクアドバイザー　石 明佳

6 パーソナルカラー診断は一度受ければ「一生モノ」

自分の魅力を「色」で引き出す！

自分に似合う色が分からない、コーディネートやメイクがパッとしない……。そんな悩みをお持ちではありませんか？　実は、その人に似合う色は決まっており、合わない色を身につけていると、顔色をくすませて見せることもあるのです。

そこで有効なのが「パーソナルカラー診断」です。パーソナルカラーとは、簡単に言うと「似合う色」のこと。「肌の色」「髪の色」「目の色」など様々な要素から判断します。パーソナルカラーはメイクのタイプ同様、４つのタイプに分けられます。

- **スプリング**（明るくて鮮やかなカラー、イエローや黄緑などの透明感がある色）
- **サマー**（明るくて落ち着いたカラー、パステルカラーなどのソフトな色）
- **オータム**（濃くて落ち着いたカラー、アースカラーなどのシックな色）

・ウインター（濃くて鮮やかなカラー、パープルなどのはっきりとした色）

パーソナルカラーは、自身で導き出すのが非常に難しいもの。自分が似合うと思っている色や、自分の好きな色と違うことが往々にしてあるため、ぜひ一度受けていただきたいサービスの一つです。

その効果としては、毎日のコーディネートやメイクがばっちり決まるだけではなく、肌に透明感が出る、目の輝きが増す、シミやしわを目立たなくする、輪郭をすっきり見せる、表情を明るく見せるなど、多岐にわたります。

一度診断を受ければ、基本的には一生変わるものではありません。初期投資はかかりますが、似合わない洋服、ネクタイ、ワイシャツ、コスメなどを買う必要もなくなりますし、選択肢が減る分、買い物の時間が大幅に短縮できます。一過性のものではないので、活用次第で無駄な出費が抑えられるのです！

パーソナルカラーは自分を正確に知るための手段。

色を味方にすれば、印象をコントロールすることもできるのです。私自身がそうだったように「自信」を持つ材料にもなるので、診断を受けることをおすすめします。

7 自分だけのパーソナルスタイリストを見つける

「好き」と「似合う」ファッションは違う！

これまで、自分の魅力を最大限引き出す「メイク」、「カラー」の探し方をご紹介させていただきました。残すは「ファッション」です！　悲しいことに、「好き」と「似合う」は違うもの。好きなものが似合えば、まったく問題ないのですが、そこにずれが生じている方も多いのです。

街を歩いていて出会う、ハッとするほどおしゃれな人たちに共通するのは、「似合うものを選んでいる」こと。そうです、素敵に見えるのには、ちゃんと理由があるのです。似合うファッションは、髪型、髪色、肌の色、顔の形、体型とのバランスで決まります。雑誌のモデルが着ていて「素敵！」と買った洋服。同じモノなのに、いざ着てみたら似合わなかったということはありませんか？　それもそのはず。そのモデルとは、顔形、体型すべてが違う。ギャップが生まれてしまい、違和感を覚えるのです。

では、どうすれば自分に似合う洋服が見つかるのでしょうか？　まずは、信頼のおける店員さんに頼ること。第三者目線で似合う洋服を提案してくれたり、自分では選ばないような服をチョイスしてくれるなど心強い存在です。さらに**「若く見える」という要素を恥ずかしがらず伝えることと、第三者の価値観を受け入れるという心構えも大切です。**なので私は信頼する、決まったお店（3店舗）でしか買いません。

次に、パーソナルスタイリストにお願いするのも手。「スタイリスト」というと大げさに聞こえるかもしれませんが、最近は、プロのスタイリストが月額定額制（6800円〔税抜〕〜）であなたのサイズや好みに合った洋服を3着選んで送ってくれる「パーソナルスタイリング」を体験できるサービスも。「airCloset（エアークローゼット）」（https://www.air-closet.com/）というファッションレンタルサービスで、返却期限がなく送料・クリーニング不要で手軽に返却できます。9800円（税抜）のプランなら、着た洋服を何度でも交換できるので、常に新しいファッションに挑戦でき、毎日の洋服選びに悩まずに済む分、スキンケアやヘアメイクに力を注げるのも利点です。現代では自分にスタイリストを付けるのは、決して縁遠いことではありません。洋服選びに苦労している人や忙しくて時間がなかなか取れない人は、そんなサービスを選ぶのも、若返りの一つですね。

8 姿勢が悪いだけで見た目年齢、プラス5歳

実年齢より若く見える人は、姿勢が美しい

どんなにメイクが決まっていても、似合う洋服を着ていても、姿勢が悪かったり、猫背だと、老けて見えてしまい、美しさが半減してしまいます。

- **背中のラインが丸い**（猫背）
- **肩が体の内側に入っている**
- **下あごが前に出ている**
- **お尻が引けている**（骨盤が後傾している）

一つでも当てはまっていれば要注意です。人は横のシルエットが丸くなると、一気にお年寄り感が出てしまいます。一気に、です！

姿勢の悪さは見た目だけの問題ではなく、心にも影響を与えます。体と心は一心同体なので、姿勢が悪いと顔つきが冴えず、暗い気持ちを加速させてしまいます。それでは、相手に「疲れていそう」「やる気がなさそう」など、ネガティブな印象を与えてしまう可能性大。表情で言うと、あごが前に出ると口が開きやすくなるので、だらしのない表情になってしまいがち。ますます魅力的とは言いがたいですね。

ここで実験です。肩を体の内側に入れて猫背で立ち、あごを前に突き出して、立ってみてください。その立ち姿を友人に頼んで、横から撮影してもらいましょう。

次に背筋をピンと伸ばし、先ほどとは逆に姿勢よく立って同様に撮影します。

写真を並べて、比較してみてください。まったく印象が違いますよね？　姿勢を良くするだけで、最低でも2～3歳、人によっては5歳若く見えるはずです。

このように、同じ人でも姿勢が異なるだけで見た目の印象が劇的に変わります。姿勢のいい人は全体の雰囲気が明るく、ハツラツとしていて若い印象を与えるのです。

といっても、正しい姿勢がいまいち分かっていない、自分の姿勢がいいか悪いかわからない……という人も多いことと思います（以前の私もそうでした）。

正しい姿勢のチェック方法、姿勢改善のポイントは、ＳＫＩＬＬ ６で詳しく解説させていただきますね。姿勢を改善して、印象美人を目指しましょう。

SKILL.2
NUMBER

自分の年齢を永遠に「38歳」だと決める

最も気力に満ち溢れて、輝いていた時期は？
その時の年齢を「ベスト年齢」に設定しましょう。
すると不思議！ その年齢に合うように行動し、
自然とマインドも前向きになるのです。
あなたの年齢は、あなたが決めていいのです。

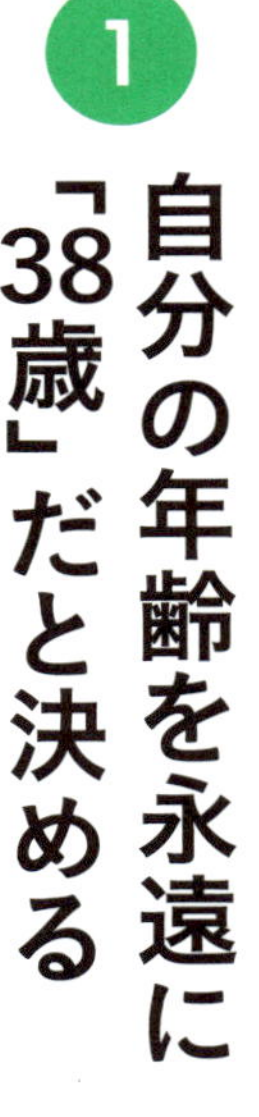

1 自分の年齢を永遠に「38歳」だと決める

自分史上、最も輝いていたのは何歳ですか？

「八藤さん。45歳は人生の折り返し地点ですよ」。

45歳の時に「ビジネス・コーチング」の講師に言われた言葉です。

様々な経験を経て知識や技術を獲得し、勢いよく駆け抜けてきた人生の前半が過ぎ、ここから先は、自分の人生を仕上げていく時期だとお話しいただきました。

でも、私は全然ピンと来なかったのです。

まだまだチャレンジしたいことがたくさんありますし、守りに入りたくない。

そう考えた時に、自分が目指すべき年齢は、45歳でないことがわかりました。

では20代を目指せばいいかというと、それは自分のなかで違う気がする。経営者として、ルックスや雰囲気があまりに若いと、仕事に支障が出てしまいますから。

そこで、これまでの人生を振り返った時に、ある程度の経験値を身につけて、気力、

SKILL.2
NUMBER

体力ともに一番満ち溢れていた時期はいつだっただろう?

私の場合は「38歳」がとても心地よくフィットしたのです。

それ以来、ずっと自分を38歳だと思って過ごしています。ベスト年齢を設定することで、自然と行動もマインドもフレッシュになるものです。経営者仲間や友人に会うたびに「いつもイキイキしている」と言ってもらえるのは、間違いなくこのおかげでしょう。

これはみなさんにも当てはまること。若返りを実践するうえで、基準となる年齢を設定することは、とても効果的です。**世に言う「老け込む」というのは、実は見た目よりもマインドが原因である場合が往々にしてあります。**それを阻止するために、漠然とした若さではなく、「マイベスト年齢」を見つけるのです。

掲げる年齢は何歳だって構いません。ご自身の人生を振り返り、最も気力に満ち溢れ、輝いていた年齢を設定しましょう。

基準を設定したら、あとはその年齢だと強く意識すること。それだけでいいのです。「どうせ、私は50歳だし……」と自分自身で否定してはいけません。

マイベスト年齢を設定すれば、面白いもので脳はその年齢に合うようになり、行動も肌の質感も変化します。私のように、周囲に「雰囲気変わったね」、「何か最近いいことあった?」と言われたら、若々しい雰囲気をまとっている証拠です。

2 毎朝の「体重予想」で体への意識をブラッシュアップ

体重を予測できる＝自分の体調を管理できている証拠

ここ8年以上、毎朝必ず体重を測っています。ただ測るのではありません。必ず体重計に乗る前に自分で体重を予測し、計測値と差が出れば、「なぜ増えた？」「どうして減ったのだろう？」とその原因を考えます。

前日の食事の内容、水分の補給状況、排便のバランスを振り返り、体重が増えてしまった場合は、夕食を軽めにする（私は少量のお粥に置き換えることが多いです）、ジムに行って運動をするなど、今日の過ごし方をプランニングするためです。逆に減った日は、ご褒美も兼ねて、昼食に大好物の天ぷら定食を許します。

これが不思議なもので、毎日実践していると当たるようになるんです。「今日は体が少し重いから、58・8kgだな」と毎度ピッタリ賞なので、体重計が必要ないくらい。

私のなかでは（楽しんでやっているので）すっかりゲーム感覚になっているのですが、

これも若返り、健康維持のための立派な能力です。というのも、体重を予測できるというのは、自分の体調を管理できている一つの証拠。ただ毎日数値だけを確認するために、漫然と体重計に乗っていては、絶対に身につきません。

話は少し変わりますが、現代人は不定愁訴といって原因は特定できないけれど、不調を抱えている人がとても多いようです。

ですが、**自分の体なのに不調の原因が分からないというのは、自分の健康を「他者」にコントロールされてしまっている状態。**そうではなく、自分の健康は自分で管理したい。そう思いませんか？

アスリートは試合で最高のパフォーマンスを出せるように、フィジカルはもちろん、メンタルなどのコンディションを常に整えていきます。彼らは、自分の体調やマインドを自身でコントロールして本番に挑んでいるのです。

我々もアスリート同様、目標（若返り）に向けてコンディションを整えていく必要があります。そのためには、自分の体の健康は、自分で主導権を握っているべきです。

体重を予測できるということは、その第一歩。前日の生活、排便の回数、食生活を振り返り、自分の体と日々対話しないと導き出せませんから。体への意識を高めるためにも、ぜひ、朝の体重予測を習慣にしていただきたいものです。

3 マルチタスクは美しくない。常に「1点集中」の生き方を

ただ目の前のことに、まっすぐ向き合う

慌ただしく忙しい朝、同時に複数の作業をする人は多いのではないでしょうか。テレビを観ながらメイクをしたり、新聞を読みながら朝食をとる。コーヒーのお湯を沸かしながら、傍らでスマホでメールチェック……。こうしたマルチタスクは、時短につながったり、効率的に作業をこなしている気がしますよね。

果たして、本当にそうでしょうか？

一見、マルチタスクのほうが人として能力的に高い気がしますが、人間は頭のなかと実際にやっていることがかけ離れていると、見かけの上では終わりますが、仕上がりのレベルが下がってしまうもの。であれば、真剣に一つひとつの作業に取り組んだほうが、少し時間はかかるかもしれませんが、確実に結果に結びつくと思うのです。

そして目の前のことに向き合い真剣に取り組むことで、豊かな気づきを得ることが

できます。より完成度を高めるための工夫、時短のコツ、その逆で力を入れるべきポイントなどが見極められるようになるのです。**人は、気づくことで初めて努力する。前に進めるのです。そういった点も、私がシングルタスクを心から勧める理由です。**

　これは朝の過ごし方だけでなく、日常生活すべてに言えること。仕事だって、家事だって、美容だってそうです。

　先ほどから偉そうに語っていますが、実は私自身、元マルチタスク派の人間でした。仕事の書類を作成しながら、部下に電話で指示を出し、美顔ローラーをコロコロして、テレビのニュースをチェックして……。だからこそわかるのですが、複数の作業を同時に行っても、思いのほか時間短縮につながらないんですよね。あくまでも私の場合ですが、パフォーマンスが低下するので、やり直しにつながり、結果的に二度手間、三度手間ということも多かった気がします。

　それに頭のなかがあっちこっちと忙しくなり、効率よく作業を終わらせることに夢中になると、どうしても言動がガサツになってしまうもの。その姿を見て周囲は、どう思うでしょうか？　美しさを目指すのであれば、やはり目の前のことに集中して取り組むべきです。まずは、テレビをつけたままメイクするのをやめるなど、今日から「美しき1点集中の生き方」を始めてみませんか？

4 最も効果的なウォーキングは1日「8000歩」

「歩けば歩くほど、健康になれる」は間違い

ウォーキングは、運動が苦手な人でも始めやすく、健康効果が高いと言われていま す。その手軽さが人気で、ウォーキングを習慣にしている人も多いのでは？

私も、腰痛がひどくなったのをきっかけに車移動をやめて、日常生活のなかで歩く 機会を増やしています。次のアポまで時間に余裕がある時は、徒歩で移動したり、駅 構内の移動では、階段を使うようにして運動量を増やすように心がけています。

おかげで腰痛も改善し、以前に比べて新陳代謝も活発になり、より若々しい肌を保 てるようになりました（顔色が良くなったと言われます！）。また、有酸素運動によっ て血液の循環がよくなったためか、基礎代謝も高まったと実感しています。

しかし、気をつけていただきたいのは、その歩数。

「歩けば歩くほど健康になれる」と信じている人がいますが、それは間違いです。

多くの人は「1日1万歩」が目指すべき歩数だと思っていますが、歩数だけにこだわっても実はあまり意味はありません。

もちろん、1日1万歩が悪いというわけではなく、今まで体に負担なく、楽しく続けてきた方はそのまま継続していただいても、問題はないと思います。

ただ、「1万歩を実現できてさえいれば大丈夫！」と過信したり、「歩けば歩くほど体にいい」と間違った思い込みをするのは、良くないということです。『やってはいけないウォーキング』（SBクリエイティブ）の著者・青柳幸利さんによると、歩き過ぎるとかえって関節を痛めたり、免疫力を下げてしまうリスクがあるそうです。

そこで、私がおすすめしたいのは、1日8000歩。

前述の青柳さんの調査結果でも、**最も健康効果が高いウォーキングの方法は「1日の歩数は8000歩。そのうち20分は、中強度の歩行（会話ができる程度の速歩き）をする」**ということがわかっています。

そういう私も、以前は1万歩歩くことを目標にしていたのですが、正直ハードルが高すぎますね……。実践すればわかっていただけると思うのですが、この2000歩の違いは大きい。俄然ハードルが下がります。個人的な実感ですが、8000歩は適度な疲労感があり、心地よく歩ける歩数だと思っています。

5 週に「2回負け」てもその週「5回勝てば」ヨシ

翌日に取り戻せば、夜中のラーメンだって怖くない

ＨＭｄメソッドを実践いただいているお客様やスタッフに、よく「夜中に豚骨ラーメン食べたりしないいんですか?」「揚げ物を食べたくなったりしませんか?」と聞かれます。答えはイエス。ラーメンも揚げ物も、大好きです!

でも、さすがに無制限に食べたりはしません。「体に良くない食べ物は、週に2回まで食べていい」と決めています。

決めているのは回数だけではなく、「食べる時は心から楽しんで食べる」ということ。確かに夜中にラーメンを食べるのは、とても気が引けます。

ですが、せっかく食べるのであれば、前向きに捉えたほうがいい。私は「本当にこのラーメンは美味しいなぁ～」とスープまで飲み干す勢いで、味わっていただきます。食べた後は、幸福感に包まれます。

当たり前ですが、罪悪感を抱いて食べるより、美味しく食べたほうが満足感が圧倒的に高いです。その分、変に回数を増やさずにすむというメリットもあります。最悪なのは、「あ～。ダイエットしているのに、食べちゃった……」と自分を責めながら食べること。葛藤や罪悪感によるストレスが逆に太りやすくしたり、さらなる過食を招いてしまうと思うのです。

しかし、夜中のラーメンの翌日は、必ず「負け」を取り戻します。たとえば、食事量を全体的にセーブしたり、ランチをさばの塩焼き定食にしてみる。夕食をお粥など消化の良いものにしてみるとか。

よく「週に2回も好きなものを食べていいのですか?」と聞かれますが、1週間のうち、「勝ちの日を5日、負けの日を2日」にすればいいのです。この配分さえ守れば、トータルで見ると、必ず勝ち越していけるわけですから。

それに取り戻す癖がつけば、私のように「取り戻すのが大変だから、天ぷら定食は控えておこうかな」と、自発的に踏み止まることもできます。

若返りのためには、自分を甘やかすことも必要。毎日勝たなくていいのです。

きちんと取り戻す癖さえついていれば、夜中のラーメンだって、週末のスイーツビュッフェだって怖くありません。

先端は年齢を語る。週1の甘皮ケア、月1の角質ケアを

肌や髪はケアしても、爪だけ放置していませんか？

爪切りで切りっぱなしのカクカクした形、二枚爪、縦筋がたくさんあって凸凹の爪は、生活感が出てしまい、ぐっと老けて見えるもの。

若返りを目指すのであれば、お肌同様、ケアに力を入れるべきです。その一歩として爪の成長を促進するために、爪の根元（爪が育つ場所）やサイドをプッシュしましょう。時間は30秒程度でＯＫ。驚くほど、美しく爪が生まれ変わりますよ！

次に、週に1度の「甘皮ケア」の方法をご紹介します。甘皮が必要以上にあると、爪の成長を妨げたり、水分不足になります。また、処理することで爪のU字ラインがきれいにとれ、ネイルの仕上がりが断然美しくなります。手も足もやり方は同じです。

①お湯などに浸けて、キューティクル（甘皮）を柔らかくする

SKILL.2
NUMBER

②爪まわりを濡れたガーゼで優しく拭き取る
③粒子が細かいスクラブで、古い角質を取り除き、ネイルオイルを浸透しやすくする
④爪まわりにネイルオイルを塗布
⑤ハンドクリーム、フット専用クリームで保湿する

いつまでも若い印象を保ちたいならば、かかとの角質も忘れずに！　月に1度、念入りにケアしましょう。

①お風呂、もしくは足湯で足裏を柔らかくする
②足用やすりで、足裏の硬い部分を滑らかにする
③スクラブで目に見えない古い角質を取り除く
④フット専用クリームで保湿

爪は、日頃のケアで見違えるほど美しく生まれ変わるもの。**爪は他の部位に比べて、効果が出るのが早く、本当にやりがいのあるパーツだと思います。**日々の習慣にして、ピンク色でツヤのある若々しい爪を手に入れましょう！

白湯って、すごい！

目覚めの1杯に、食事中、植物発酵食品のサプリメントを摂るときに、夜リビングでのリラックスタイムに……。

1日800ml程度、60℃程度に冷ました白湯（すすりながら飲める程度が目安）を飲んでいます。すっかりハマっており、タンブラーに入れて持ち歩いたり、レストランでも白湯をオーダーすることもあります。

白湯ライフを実践するようになり、かれこれ5年が経ちますが、本当にすごい。月並みな表現で恐縮ですが、ただその一言に尽きます。

- **内臓が温まり代謝がアップ**
- **血液循環が良くなる**

SKILL.2
NUMBER

・**老廃物が排出されやすくなる（＝デトックス効果）**
・**冷え性改善**

どの効果も、若返りには必須事項です。

個人的には、朝の白湯パワーに驚いています。起きがけに白湯を飲むことで、体がゆっくりと覚醒する感覚が心地よいのです。おかげで気持ちよく1日のスタートが切れています。同時に腸のぜんどう運動が活性化し、さらに水分で便が柔らかくなるため、お通じが自然と訪れます。頑固な便秘で悩んでいる人には、「目覚めの白湯」をぜひおすすめしたいです。

また、**内臓の温度が1度上がると、基礎代謝力は10％程度アップすると言われています。**これまでと変わらない生活をしていても、脂肪が燃焼されやすくなることで、消費エネルギーが増え、ダイエット効果を期待できるのです。

世には若返りドリンクなるものがたくさん溢れていますが、白湯こそ、若返りドリンクと言っても過言ではありません。

ただお水を沸かして飲むだけという単純な行為で、若返りが手に入るのであれば、やらない手はないと思うのです。

8 男も女も、「月に1回」のハレの日が必要

当日より、準備期間が人を若くする

おめかしして、人に注目してもらう機会を作ることはとても大切です。男性ならたとえば、上質なスーツに身を包み、ヘアスタイルもバッチリ決めて。女性ならたとえば、髪をゆるく巻いて、体のラインが美しく見えるワンピースとヒールを履いて。そして周囲の人に「若くなった」「肌がキレイ！」「かっこよくなった！」などと褒めてもらえたら、しめたもの。若返りへのモチベーションが俄然高まります。

私は、みなさんにこうした場、「ハレの日」を設けてほしいのです。なぜなら普段若返りに励んでいるあなたが多くの人に注目されて、誇らしい気持ちになってほしいから。

人間はお披露目の場があると、それに向けて頑張れるものです。洋服はどれを着よう？　髪型はどうしよう？　もう少しやせたいから、ダイエット頑張るか。かかとの角質をケアしなくちゃ。久しぶりにネイルサロンに通ってみよう

かな。

旅行と同じで、準備をしている時間が一番ワクワクしますよね（余談ですが、私は実際に現地に行っている時より、計画している時間が一番楽しいです）。

若返りでいえば、実は当日よりもこの期間が最も重要です。

当日は、成果発表の場でモチベーション維持にはなりますが、ここで準備したことが若返りに直接的につながるのです。

ですので、月に1回程度、生活のエッセンスとして、ハレの日をどんどん取り入れてほしいのです。友人の誕生日会でも、ホテルでランチでも、パーティでも。あなたが心躍るイベントだったら、何でもいいのです！

ただ注意してほしいのは、あまり直前に企画しても意味がありません。早めに計画し、しっかり準備と気分を盛り上げて、当日を迎えてほしいのです。

あと、他人の力だけに頼って挑むのもNGです。たとえば、パーティ当日の朝に美容室に行って、ヘアセットとメイクをしてもらって、その後ネイルサロンに行って……。「当日キレイだったらいい」という考えでは、残念ですが若返りにはつながりません。

ハレの日は、性別問わず、人を若くしてくれるイベント。誰かに誘われるのを待っていてはもったいない。自分からどんどん出かけてみましょう。

SKILL.3
HUNGER

空腹と正しく付き合う、「8時間ダイエット」

好きな食べ物は天ぷらなどの揚げ物。
それでも10年以上、体型を維持しているのは
食事をする時間を8時間以内にしているから。
体の機能を正常化させ、食べても太らないを
実現する、おいしいダイエット方法です。

1 空腹と正しく付き合う「8時間ダイエット」

空腹時に、若返りホルモンが分泌される

2年前より体型維持のために「8時間ダイエット」を実践しています。基本的なルールは、1日のなかで食事をする時間を8時間以内にするだけ。8時間以内であれば、基本的に好きなものを食べて良し。性格上、カロリー計算や栄養素のことを考えて食事するのは苦手。食べたい物を我慢する必要なく、私にはとても合っています。

「好きなものを食べて、なぜ痩せるの？」と思う方もいらっしゃるかもしれません。物理的に食事の回数が減る、ストレスが少なく無理なく継続できる、という点も理由にはなるのですが、私が注目しているのは、体内リズムに合っているということ。

左図をご覧ください。栄養学では1日を3つの体内リズムに分けています。8時間ダイエットを実践すると、自然とこのリズムに合った生活になります。というのも、朝の8時に朝食を食べたら、16時までに夕食をすませなくてはいけない。それはあま

THEORY OF 8 HOURS DIET

HMd流24時間で考える「8時間ダイエット」理論

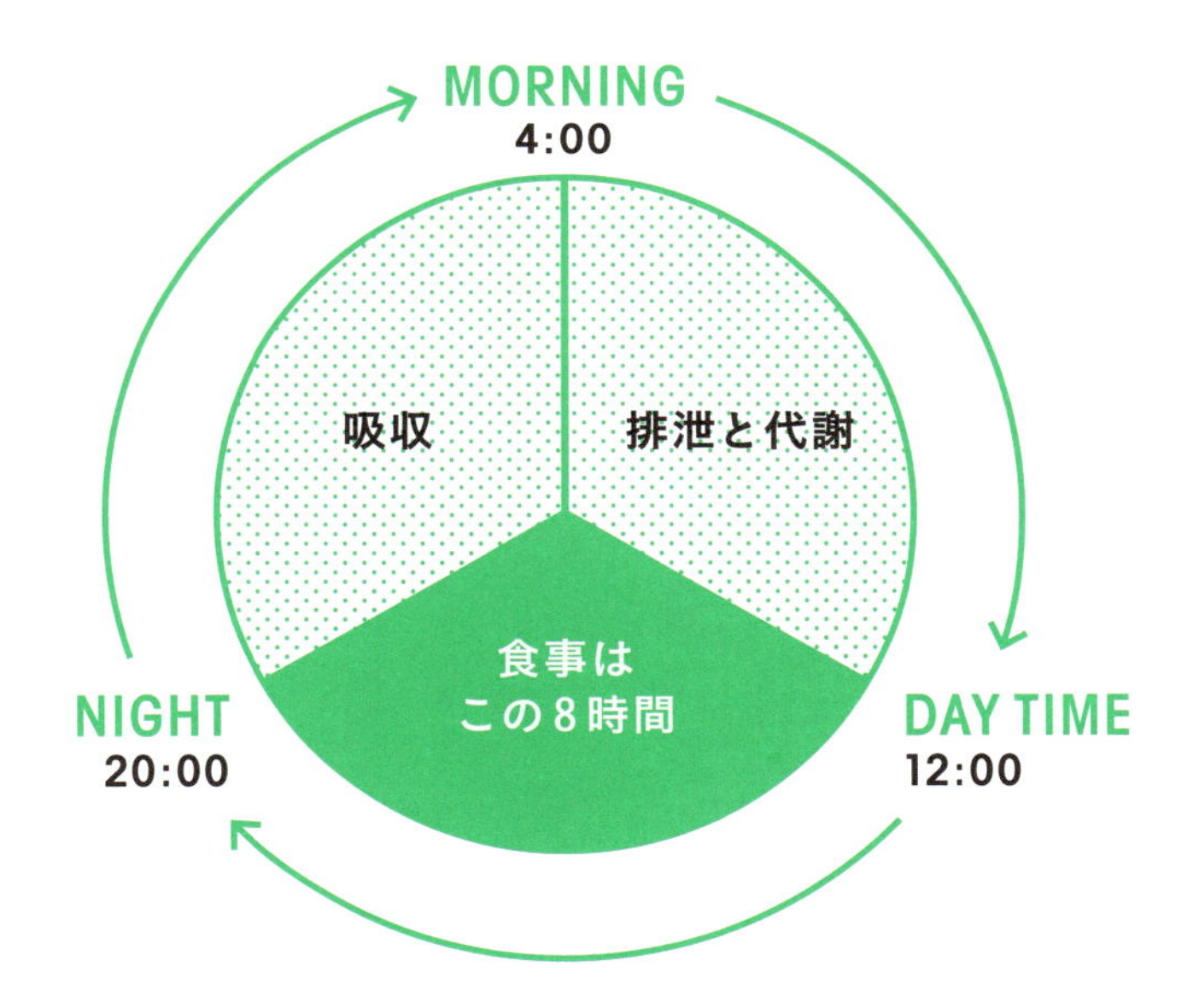

朝 MORNING 4:00〜12:00

朝のこの時間帯は、消化が弱く排泄に向きます。ですので、ちょっとした果物や白湯、または生の野菜や果物をジュースにしたものなどをとって、デトックスを促すように意識してみましょう。

昼 DAY TIME 12:00〜20:00

消化が得意な時間帯。この8時間を「食事を摂取する時間」として昼食と夕食を摂るのがおすすめです。肉類を意識して、よく嚙むことが大切。炭水化物を摂るならこの時間帯の昼間に。

夜 NIGHT 20:00〜4:00

この時間帯は、摂取した栄養を体に吸収する機能が優勢です。この時間に摂った食事は消化が不十分でお腹がもたれがち。内臓が疲れて代謝が悪くなります。どうしてもこの時間に食事を摂る必要がある場合は炭水化物を避けましょう。

り現実的ではなく、多くの方が昼過ぎに最初の食事をとり、夜21時頃までに夕食をとるという食生活になるはず。本来「食事」すべき時間帯に、食事をとることができるのです。すると「吸収」の時間には、体は蓄えた栄養を使って新陳代謝に専念。また「排泄と代謝」の時間には、代謝酵素が活発に働いて不要な老廃物を排出するように。8時間ダイエットは体の機能を正常化させ、本来の働きを最大限引き出してくれるのです。

残りの16時間は飲み物を積極的にとりましょう。私は紅茶や植物発酵食品（粉状）をお湯で溶かしていただいています。このダイエットを楽しく実践するうえで、気分を満たしてくれる「お気に入りのお茶」は心強い味方ですよ。

なかには空腹になることに恐怖を感じ、断念してしまう人もいます。しかし、私が思うに空腹をもっとポジティブに捉えるべきです。人間は、ある程度の空腹状態を保ったほうが頭の回転、とくに集中力や記憶力が良くなると言われているのですから。

南雲吉則先生の著書『「空腹」が人を健康にする』（サンマーク出版）によると、空腹時には「グレリン」というホルモンが分泌されるそうです。グレリンは、脳の視床下部に働いて食欲を出させるのが仕事。そして同時に脳の下垂体に働き、成長ホルモンを分泌させるそう。この成長ホルモンは、別名「若返りホルモン」とも呼ばれ、若返り効果があるとのこと。空腹状態を維持するほど若返ると聞けば、そう悪くはありません。

2 勝つための間食は「たんぱく質」か「ナッツ」

気軽な気持ちで食べた、チョコが命取りに!?

基本的には間食は必要ないと思いますが、そうは言っても「おやつが楽しみ！」という方は多いことと思います。

であれば、その頻度と食べる物に注意する必要があります。

ケーキ、クッキー、パフェに和菓子……。甘いお菓子やスイーツには、糖質が多分に含まれていますが、糖質は言わずもがな、ダイエットの敵です。

みなさんのなかには、糖質制限されている方もいらっしゃるかと思いますが、**実は糖質は「摂取量」ではなく「回数」が問題だということはご存じですか？**

たとえば、牛丼などの炭水化物メインの食事でがっつり糖質を摂った人と、1回の摂取量はごくわずかだけど、おやつも含めて1日5回糖質を摂った人。

摂取量は前者のほうがはるかに高いですが、実はちょこちょこ糖質を摂っている人のほうが太りやすいということが医学的に証明されたそうです。糖質を食べるたびに、体は律儀に「はい糖質、1回、2回……」とカウントしているそうです。

せっかく食事でお米を茶碗半分にセーブしても、気軽な気持ちで食べたひとかけらのチョコレートやクッキーのほうが断然命取りなのです。

そう考えると、少しは我慢しようと思いませんか?

ここまでは、頻度のお話。次は、間食の選び方です。

おすすめは、「たんぱく質」か「ナッツ類」です。

たんぱく質は、チーズが手軽でいいですね! チーズは糖質を抑えながら不足しがちなたんぱく質を補うことができます。たんぱく質はコラーゲンの生成に欠かせない栄養素なので、美肌効果抜群。若返りを目指している人は、積極的に摂るべきです。

ナッツ類も、たんぱく質や食物繊維が多く、血糖値が上がりにくい食品です。くるみやアーモンドなどのナッツ類に含まれるオメガ3は、必須脂肪酸と言われていて体には欠かせない栄養素。脳の老化を抑えたり、肌のツヤを高めたり、ダイエットを促進するなど、アンチエイジングにも効果を発揮してくれます。

どちらも体に良いからといって、食べ過ぎには要注意ですが、せっかく食べるなら若返りにつながるものを。それが賢い選択です。

3 やっぱり、にんにく・生姜。最高のアンチエイジングフード

老化することは、酸化することと同じ

美容や健康への関心が高い人であれば、「活性酸素」という言葉をご存じのことと思います。漠然と「身体に良くない物質だ」ということをわかってはいても、活性酸素がどういうものなのか？　あまり理解していない方も多いでしょう。

活性酸素とは、体内に取り込んだ酸素からできる化合物の一つで、普通の酸素分子よりも物質を酸化させるパワーが強力だと言われています。

近年の老化に関する研究では、「老化することは酸化することと同じ」と言われるほど。**活性酸素は老化の元凶と見なされて、活性酸素から身を守ることの重要性が改めて指摘されています。**

私たちの体には本来、活性酸素から身を守るため、「抗酸化力」が備わっています。

しかし、活性酸素を増やす要因は紫外線や放射線、強いストレス、喫煙、大気汚染など様々なものがあるため、元々備わっている抗酸化力だけでは到底追いつかない。そのため、日常的に食品で抗酸化成分を補い、抗酸化力を高めておくことが重要です。抗酸化力の高い食べ物（＝デザイナーフーズ）とは、一体どんな物があるのでしょう？

Ｐ75のピラミッドをご覧ください。

私のおすすめは断然、にんにくと生姜です。ただ、にんにくはニオイの問題などで日常的（とくに平日）にはとりにくいので生姜がベターかもしれません。

生姜の成分のうち、「ジンゲロール」と「ショウガオール」などの成分が抗酸化作用に有効であるとされています。また辛味成分「ジンゲロール」には、血行を良くする作用があり、冷えた手足を温める効果も。私は紅茶に加えたり、料理に使うなどして、積極的にとっています。すり下ろしたものをストックするのではなく、なるべくすりおろしたてを食べるようにしています。あと、キャベツもいいですね。免疫力を高める作用があることで有名ですが、実は抗酸化力は野菜のなかではトップクラス。生姜同様、意識的に摂るように心がけています（ランチで行く定食屋は、添え物が千切りキャベツのお店を選択するようにしています）。

スーパーフードが流行りですが、意外と身近な食材も底力があるんですよ。ぜひ食事からも老化を防ぎ、若々しい体を手に入れてください。

DESIGNER FOODS PYRAMID

意識して摂りたい「デザイナーフーズ」

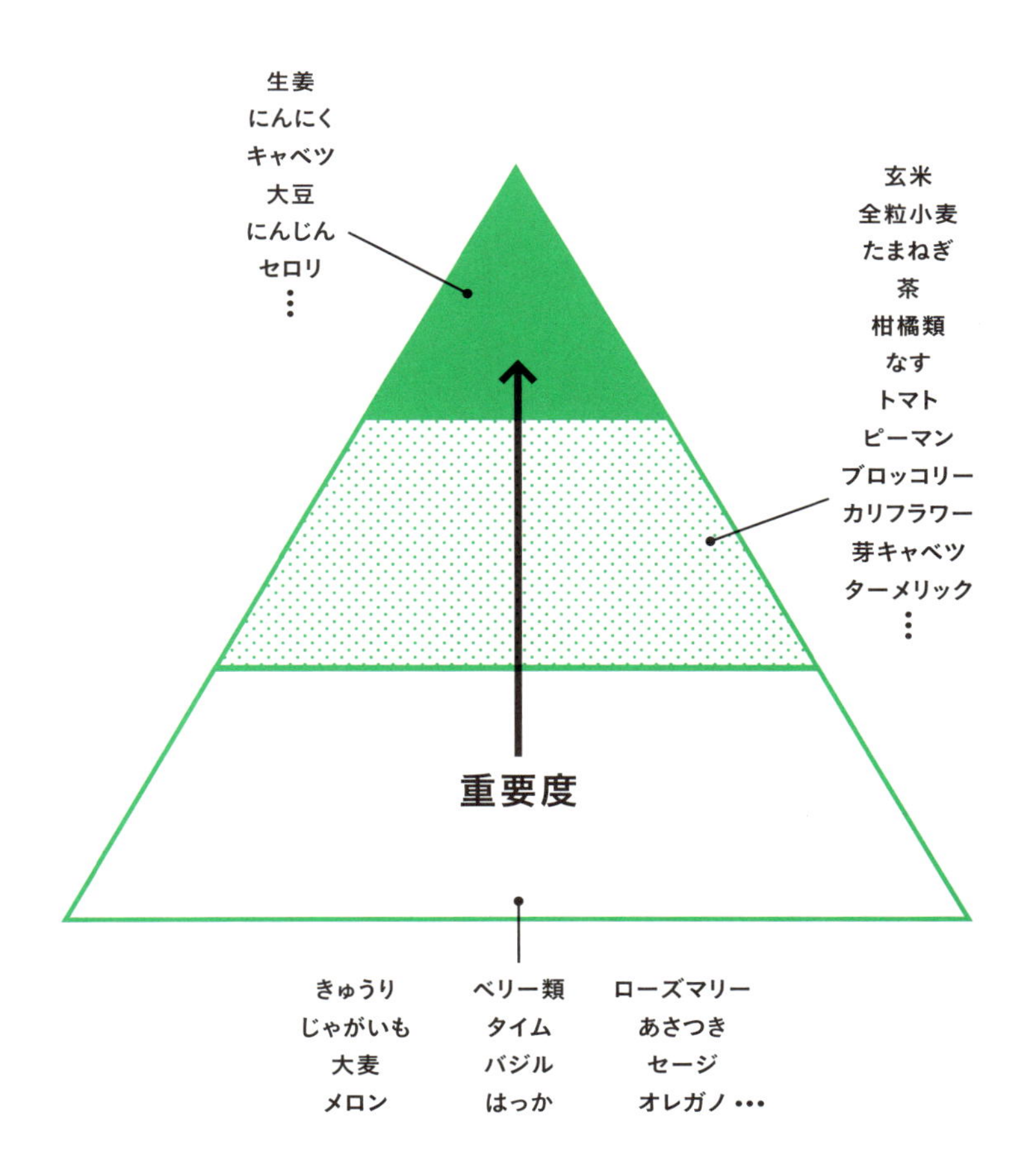

アメリカの国立ガン研究所が提唱する「デザイナーフーズ」は、ガン予防の効果が期待される食品をまとめたもの。いずれも免疫力を高めるのに役立つうえ、抗酸化作用があり若返りに効果的。生活習慣病の予防にもなります。

月1の「2日間ファスティング」で腸から若返る

体に溜め込んだ不要なものを一気に排出

「八藤さんって、普通に食事していますよね？」

スタッフによく聞かれます。好物は天ぷら、ステーキ、ラーメン。差し入れでいただいたお菓子やケーキを美味しそうに食べる私を見て疑問に思うのでしょう。

私が体型維持や若返りを目標にしつつ、あまり食事の内容にこだわらず生活しているのは、「8時間ダイエット」のほかに、隠し技を持っているから。

それは「ファスティング」。世間では、ダイエット手段というイメージが先行していますが、私のなかでは心と体のデトックスという位置づけです。

現代社会において、農薬や添加物、保存料、酸化した油など、体にとって有害なものから逃げることは不可能に近くなっています。私自身、自宅で使う調味料や油、そして食材も無農薬や有機系のものをできるだけ意識して購入していますが、完全に排

除するのは難しい。これは持論ですが、無理なことにモチベーションを働かせるのはもったいない。そのやる気を若返りに注ぐべきです！

そこで月に一度「2日間のファスティング」で、体に溜め込んだ不要なものを一気にデトックスしています。ポイントは、細胞の一つひとつがきれいになって、体が浄化されていく様子を思い描くこと。ただ食事を抜くのではなく、良いイメージを脳に叩き込めば、体がそれに向かって勝手にワークしてくれるようになります。

ちなみにファスティング中は、Ｐ１８７の植物発酵食品のパウダーを白湯で溶いたもの、そして生のフルーツの果汁をとっています。

２日目には、ランナーズハイのようなとても気分の良い瞬間がやってきます。この脳がクリアになっていく瞬間が何とも言えず。毎月、心から楽しみながらやっています。

「食事をしない」という選択肢を持つ

ファスティングは「この日にやるぞ！」と決めるのではなく、たまたま仕事が立て込んでいて、昼食を食べるタイミングを失い、夕食も食べ損ねて、夜食になってしまいそうな日に実践することが多いです。また「２日間のファスティング」以外にも、その時の体調に合わせて、1日だけのファスティングや、1食だけのプチファスティングなど、様々な「食事をしない」チョイスを楽しんでいます。

ファスティングの醍醐味といえば、もう一つ。それは回復食を摂る瞬間にやってきます。2日間のファスティングが終了すると、消化にいい食べ物で体をゆっくりと慣らしていきます。私は白粥を回復食にしていますが、何の味も加えず、お米と出汁だけで炊き上げたお粥ほど体に染み渡るものはありません。言葉にならないほど美味しい！ この瞬間に、元来持つ味覚が冴え渡り、視界はクリアになり、聴覚は研ぎ澄まされるなど、ほかの感性も磨かれる感覚になります。また、体が浄化できたことを心の底から実感できる瞬間でもあります。

空腹が若返り遺伝子のスイッチをオン！

「ひたすら我慢！」「修行」「食事の楽しみが奪われる！」

ファスティングの指導を始めて2年半経ちますが、途中で挫折する方は、ファスティングに対するイメージがとてもネガティブです。挫折組の過去最高記録は朝から始めて、13時にはうな重を食べていました（笑）。そういう方には、ファスティングの必要性、そして効果を時間をかけてお伝えします。

ファスティングの効果は、先にも述べた通り、体内に溜まった有害な物質をデトックスすることがメインではありますが、実は若返りにもつながるのです。

というのも、人間は長時間、空腹状態を維持すると、老化を抑制する遺伝子（若返り遺伝子）にスイッチが入り、肌、血液、脳など、全身すべての老化にブレーキをかけることができるようになるというのです。

また、夜遅い時間帯に食事を摂ると、夜食を消化することに大半のエネルギーが費やされてしまい、細胞の修復作業が思うように進まなくなります。細胞の修復がうまくいかないと、肌荒れやたるみ、シワなどが起こりやすくなってしまいます。

そこで、ファスティングの出番！　胃のなかを空っぽにして眠れば、消化にパワーを注がずにすむため、細胞の修復が積極的に行われるようになるのです。

また、ファスティングは「本当の食欲」を知る機会にもつながります。

食事を断つことで空腹を知り、「お腹が空くまで食べない」ようになれば、体が本当に求める食事の質や量が分かるようになります。その感覚さえつかんでいれば、無理なく食事量がセーブされ、自然と体重が落ちていくことでしょう。

くり返しになりますが、すべての人たちにデトックスが必須になっている時代。マイナスイメージに縛られず、思い切って一歩踏み出してみませんか？

5 食べる美容液「オメガ3」の油は何でもいいわけじゃない

良質な亜麻(あまに)仁油選びのポイント

「オメガ3」は別名「α-リノレン酸」といい、必須脂肪酸の一つ。体を作る上で必要不可欠な栄養素と言われています。

アンチエイジングにも効果絶大で、活性酸素を除去したり、細胞膜を柔らかくする作用があるので、肌に潤いとハリを与えてくれます。抗炎症作用によって、肌荒れ、赤み・かゆみなどのトラブルを改善する効果も。また血流を促進させる働きがあるので、体の代謝アップも期待できるなど、その美容効果は数えきれないほど!

しかし、こちらの「オメガ3」。体内で合成することができないため、食事によって意識的に取り入れる必要があります。そこでおすすめしたいのが、亜麻仁油です。

亜麻仁油には「オメガ3」が豊富に含まれており、良質な油の代表格。

私も、毎日欠かさず摂るようにしています。酸化しやすいので、なるべく加熱せず、サラダや温野菜にかけてそのままでいただくようにしています。

若返りに凄まじい効果を発揮する亜麻仁油ですが、とてもデリケートな食品。品質の高い製品を選ぶために、購入される際は、以下のポイントをチェックしてください。

・主原料は安全か？

・油の製造工程や抽出法は明確か？

まず主原料について。生育過程において農薬や肥料を大量に使用している可能性があるため、亜麻の種は一概に安全とは言えません。生産元が確かで、有機栽培された亜麻の種から作られた油を購入するようにしましょう。なかには、他の油が配合されている商品も。よく表示を見て純粋な亜麻仁油なのか、確認することも重要です。

抽出法は、加熱による品質の低下を最小限におさえている、「低温圧搾」や「コールドプレス」と表示されているものを選ぶと安心です。

私のおすすめは、「オメガニュートリション社の有機食用亜麻仁油」。

先のポイントをしっかりクリアしています。ドレッシング代わりに、ぜひ！　積極的に取り入れてみてください。

6 納豆は「1日1パックまで」を守らなければならない

食べ過ぎるとナットウキナーゼが暴走!?

チーズ、キムチ、ヨーグルト、ワイン……。古くから世界各国で食生活に取り入れられてきた発酵食品。日本でも、納豆に漬物、塩辛、味噌、醤油など、和食に欠かせない発酵食品がたくさんありますよね。

そんな伝統を持つ発酵食品ですが、実は若返りのためには欠かせない存在。老化の原因である「酸化」を緩やかにして、老化のスピードを抑えてくれるのです。

私自身、日々の食事で積極的に発酵食品を摂るようにしています。

とくに無類の納豆好き。5分づき（玄米のぬか層を半分取り除いたお米）のお米にかけて、自宅での食事では欠かさず食べています。

納豆の特徴とも言えるあのネバネバの部分には、発酵により「ナットウキナーゼ」という独自のたんぱく質分解酵素が発生しますが、これが美容と健康にいいということで改めて注目されています。

このナットウキナーゼは、血栓を溶解する働きがあることも分かり、血液サラサラ効果が期待できます。血の巡りが良くなることで肌にも栄養素が十分届くようになるため、美肌効果も抜群です。そうと聞けば、積極的に食べたいですよね。

ただ、ちょっと待ってください。美容にいいからといって、食べ過ぎに注意です。

ナットウキナーゼは非常に強い菌ゆえ、1日に2パック以上食べると、かえって増え過ぎてしまって、腸内の善玉菌を死滅させてしまう恐れがあるのです。

健康で若々しく輝けるかどうかは、腸内細菌のバランス次第とも言われています。納豆の食べ過ぎは、そのバランスを崩す原因にもなり得るのです。

ちなみに、ひきわり納豆には、実はナットウキナーゼがほとんど含まれていません。聞けば、豆を細かく刻む工程で、菌が生育しなくなってしまうのだそう。どうしてもひきわり納豆を食べたい時は、納豆を自分で細かく刻むのがおすすめです（その場合、ナットウキナーゼは死滅しません）。

体にいいとされるものは、たくさん食べるほど良いと思いがちですが、豆乳や大豆食品など、その量に注意して摂るべきものは意外と多いのです。一歩踏み込んで調べることで正しい情報を獲得しようとする姿勢が、時に若返りにとってとても重要です。

7 ただ漫然と「ベジファースト」していませんか?

具体的にイメージすれば、より効果は高まる

最近よく「野菜から先に食べると太りにくい」という言葉をテレビや雑誌で見聞きすることはありませんか？　実践している人も多いことと思います。

しかし、この「ベジファースト」。なぜ、ダイエットにいいのでしょうか？

食事によって血糖値が急激に上昇すると、インスリンというホルモンが分泌されます。インスリンによって血糖値は下げられますが、インスリンは「太るホルモン」と呼ばれるだけあって、厄介なことに余った糖分を脂肪に変えてしまう働きもあります。

そこで野菜を最初に食べることで、血糖値が上昇しにくくなり、さらには脂肪の吸収が抑えられるので、同じ食事内容でも太りにくくなるというメカニズムなのです。

血糖値を急激に上げる食習慣は、肥満につながるだけではなく、糖尿病のリスクも高まるので、多くの人に実践いただきたい習慣です。

ただし「ベジファースト」を決まりにするのは考えもの。ルール化すると、何も考えずに、ただ漫然と野菜を先に食べるようになってしまう恐れがあるからです。みなさんにはそこを一歩踏み込んで、こちらをイメージしながら実践してほしいのです。

- **野菜がお腹に溜まっていくイメージ**
- **血糖値が緩やかに上がっていくイメージ**
- **体内の消化、吸収がうまくいっているイメージ**

ベジファーストによって、体がうまくワークしている様子を頭に思い浮かべながら実践すると、効果はより高くなるでしょう。なぜなら、イメージをしっかり持つことで、頭と体が結びつくから。良いイメージをきちんと脳に叩き込めば、実現に向かうように体が勝手に働いてくれるのです。

私自身もベジファーストを実践していますが、うまく体にワークしているイメージを持って食べるようにしています。以前に比べて、食後にぐったりしにくくなり、消化・吸収がスムーズに行われるようになったと実感しています。

8 飲み会は楽しみ尽くしてあとで調整すればよし

日本酒、ウイスキー、シャンパン。何でもござれ！

お酒に関しては、人と楽しい時間を過ごすための手段と考えています。徹底的に楽しむと決めているので、ちょうど良い塩梅ではなく飲み過ぎが常です。

焼酎、日本酒、ウイスキー、ワイン、シャンパン、カクテル。何でもござれです！過度な飲酒は老化を早めるので、せめて糖質やプリン体が少ない蒸留酒を飲んだほうがいい気もしますが、普段真剣に美容と向き合っている分、飲みの場では自分を少々甘やかしてあげてもいいと割り切っています。

ここまで随分と自分に都合のいい話をしましたが、食事同様、翌日に取り戻します。**お酒は、飲んだ次の日のリカバリーが重要です。**いつも以上に節制を心がけ、食事は胃に優しいメニュー中心。白米をお粥にしたり、量も軽めにします。ジムで20分程度有酸素運動を行い、しっかり汗を流します。

そうして飲み過ぎのつけを自分のなかで中和させていくのです。

翌日のリセット以外に心がけているのは、決して連日にならないように予定を調整すること。2日、3日連続で飲んでしまうと、体調が途端に悪くなり、仕事のパフォーマンスにも影響が出てしまうので……。

みなさんもこの二つを守れば、お酒の席はいい息抜きの場になるはずです!

禁酒したい人は、亀の歩みのように行う

いきなりお酒を断つのは考えものです。我慢に我慢を重ねた結果、ストレスが溜まり、その反動で飲み過ぎてしまう場合も往々にしてあるからです。

大切なのは、少しずつお酒と距離をとること。

たとえば、毎週木曜日は休肝日と決める。今までは生ビールを5杯飲んでいたけど、4杯以内に抑えてみる。飲む量を減らせないという人は、時間帯を変えてみる（あまり遅い時間には飲まない）のもいいですね。

そうして少しでも飲み方や量が改善できたら頑張りを認め、自分を褒めるのです。

亀の歩みのように、ゆっくりとお酒との付き合い方を見直していきましょう。

SKILL.4
HAIR

若さのバロメーターは「産毛」。今すぐ生え際チェックを

**生え際に産毛が生えていないということは、
髪は後退の一途を辿るだけ。でも、大丈夫！
頭皮をケアし、八藤流シャンプーメソッドを
実践すれば、再び生え始めます。
産毛を愛おしみ、大切に大切に育ててください。**

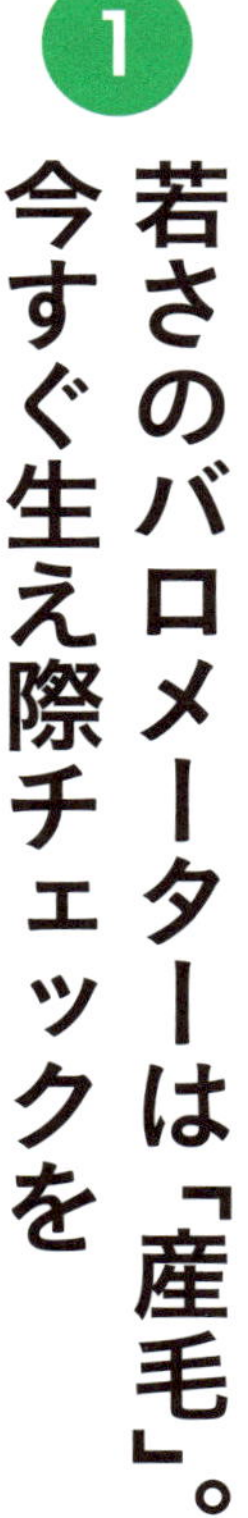

1 若さのバロメーターは「産毛」。今すぐ生え際チェックを

産毛は若さの証。その存在を愛おしむ

40代に入って間もない頃。何の気なしに前髪を片手で軽くかき上げて、生え際を見たところ、驚愕（きょうがく）。悲しいことに、産毛が1本も生えていなかったのです……！

産毛が生えていない＝後退の一途を辿るだけ＝禿げるだけ。

言葉にならないくらい、絶望的な気持ちになりました。

しかし、進行していく薄毛を黙って見ているわけにもいかないので、本格的な薄毛対策を始めました。Ｐ92で詳しく述べますが、育毛サロンに通って、自宅でのシャンプー法を見直し、生活習慣を改善し、とにかく産毛を育てることに全神経を注ぎました。当時の私は、それくらい必死だったのです。

なぜなら、産毛は若さの証。人に若さを印象づける大事な要素です。努力の甲斐もあって、産毛が再び生え始めた時は、本当にうれしかったです。

人は（何も手を打たなければ）基本的には、時間の経過とともに老いていく生き物。だからこそ、その逆のことが起こると体も驚き、脳が覚醒（かくせい）したような感覚に。初めて味わった「時間が巻き戻る感覚」に、とにかく衝撃を受けました！

それ以来、産毛チェックを習慣にしています。

確認するだけではなく、産毛に「生えてきてくれてありがとう！」「よく生えてきてくれたね！」と声をかけます。植物も声をかけると元気に育つと言われているように、産毛にも声がけすることが大切だと思っています。

それに声をかけることで、産毛に対して自然と愛おしい気持ちが生まれ、些細（ささい）な変化に気がつきやすくなったり、丁寧なケアへとつながります。

産毛は繊細なので、少しでもケアを怠るとすぐに抜けてしまいます。だからこそ、日々の確認と声がけが非常に重要なのです。

少々大変ですが、ケアすれば必ず応えてくれます。そうして産毛が生え始めると、額の後退がおさまり、髪の毛にコシとハリも復活。人に若々しい印象を与えることが十分できます。そう思うとケアに力が入りませんか？

いつから始めても遅いということはありません。

大切に大切に、育ててください。

2

マイナス3歳取り戻す八藤式シャンプーメソッド

育毛サロンで学んだ、髪を育てる洗髪

産毛が生えていないことに危機感を抱き、駆け込んだ育毛サロン。その効果は絶大ですが、多額の費用（100万円前後）がかかるので、一生通うことは難しい。

そこで自宅でも髪の発育を促すべく、シャンプーの方法を見直しました。ポイントは、次の通りです。

①朝シャンではなく、髪の毛は夜洗う
②シャンプー前のすすぎをしっかり行う（予洗いに時間をかける）
③爪を立てずに、指の腹を使って「頭皮」を洗う
④シャンプーで洗っている「倍」の時間をかけてすすぐ
⑤髪をしっかり乾かす（自然乾燥はNG）

まず、髪を洗うタイミング。髪も夜寝ている間に修復・成長します。そのため、頭皮に汚れが詰まったまま眠ると、髪の成長の妨げとなってしまうのです。

また、菌やダニが繁殖しやすくなり、頭皮の臭いや炎症などの症状が起き、抜け毛やかゆみも多くなります。

次に予洗いに時間をたっぷりかけます。髪や頭皮についたほこりや皮脂汚れは、予洗いだけで8割近く落ちると言われています。水の洗浄力はすごいのです!

いよいよシャンプーです。**爪を立てずに、指の腹を使って強弱をつけ、頭皮をつかんだり、揉み込んで、指は滑らさず、1回1回指の位置を置き換えて毛穴を動かすのがポイントです。**

意外と見落としがちなのが、シャンプー後のすすぎ。シャンプー剤のすすぎ残しがないように、丁寧にぬるま湯で洗い流します。髪の毛にシャワーのお湯を当てるのではなく、頭皮にもしっかりと当てなければなりません。

洗った後のケアも大切です。長時間髪の毛が濡れた状態でいると、雑菌が繁殖しやすくなるので、ドライヤーを使用して乾かしましょう。

私はこのシャンプー方法を実践して、育毛サロンと同じ効果を得ることができました。みなさんもこれで産毛が生え、3歳の若返りを実感すること間違いなしです。

3

1年、365日の威力。「無意識シャンプー」をやめる

キレイな頭皮をイメージしながら、髪を洗う

過去に私が通っていた育毛サロンでは、まずシャンプー前後の頭皮の写真を見せていただきました。正しく髪を洗うことで、毛穴に詰まった皮脂が見事にすっきり。「なるほど、シャンプーで毛穴をキレイにしておくべき」と、心からそう思いました。

それ以来、サロンで見せてもらった画像を思い浮かべてシャンプーするのが日課です。はじめに、皮脂がぎっちり詰まった頭皮を回想します。そしてその皮脂や汚れがすっきり落ちていく様子をイメージしながら、シャンプーするのです。

イメージの重要性は、45歳の時から受けはじめている「ビジネス・コーチング」で学びました。**人間は成功イメージがはっきりしているほど、到達が確実になるのだそうです。**たとえばアスリートは、オリンピックで金メダルを獲得して、日の丸が中央に掲げられていく様子を思い浮かべるなど、成功イメージを具体的に持っています。

私たちは決して、日本を背負って戦うアスリートではありませんが、メカニズムはそれと同じです。1日を振り返ったり、明日の予定を確認したりと、他のことに気をとられながらシャンプーするよりも、「汚れをすっきりオフした頭皮」というゴールを描きながら髪を洗うことで、よりキレイな頭皮を手に入れることができるのです。

くり返しにはなりますが、良いイメージをきちんと脳に叩き込めば、体がそれに向かって、勝手にワークしてくれるのです。これは、経験上絶対です！

それに漫然とではなく、イメージしながら髪の毛を洗うことで、目の前のことに集中しやすくなるものです。作業はより丁寧になりますし、「頭頂部の頭皮が硬い」「今日はシャンプーの泡立ちが良くない」など、様々な気づきを得ることができます。人は気付くことで初めて、原因を考えたり、対策をとることができるのです。

今は便利な時代ですので、インターネットで画像検索すれば、皮脂がみっちり詰まった頭皮と詰まりのないキレイな頭皮の写真はいくらでも出てきます。

ためしに、手元にあるスマホで「頭皮 汚れ 詰まり」と検索してみてください。

毎晩、無意識に行っていたシャンプーも、イメージしながら取り組むことで、意欲的になること間違いなし。1年は365日ありますから、その積み重ねが若返りに大きな力を発揮してくれるでしょう。

4 人間は一枚皮。たるみは、頭皮で食い止める

顔のリフトアップは、頭皮次第

薄毛対策として頭皮マッサージの重要性がよく言われますが、シャンプー中や髪を洗った後に行っている人が多いのではないでしょうか?

実は、シャンプー前に行うのが最も効果的なのです。

柔らかな頭皮にしてからシャンプーをすると、べたつきの原因となる皮脂汚れが落ちやすくなり、効率よく洗うことができます。同時に頭皮の血行促進にもなるので、髪に必要な栄養が行き渡り、薄毛や抜け毛の回復も導いてくれます。

シャンプー前の頭皮ケアは、育毛や美しい髪を保つだけではありません。顔のたるみを改善するリフトアップ効果もあることを知っていますか?

顔の皮膚と頭皮はつながっていますよね。頭皮には髪の毛が生えているので、顔と頭皮は区別して考えてしまいがちですが、1枚の皮膚でつながっています。そのため

頭皮が衰えると、その延長線上にある顔の皮膚まで影響が出てしまうのです。逆を言えば若々しい頭皮にすることで、顔のたるみが改善されるということ。

「エイジングケア」というと、私たちはついつい「顔だけの問題」と考えてしまいがちですが、頭皮マッサージで血行を促進し、健康的な頭皮を作れば、自然と顔のたるみもいい方向へと導かれていくのです。

頭皮マッサージは、指圧が大事であり、指の腹に少し力を入れて、頭皮を圧迫したら離すをくり返します。４本の指の腹を使いながら、らせんを描くように頭頂部に向けてマッサージしていきます（具体的なマッサージ方法は、P98でご紹介します）。

サイド（耳の上〜頭頂部）とトップ（額の生え際〜頭頂部）に時間をかけてしまいがちですが、バック（うなじ〜頭頂部）も念入りに行ってください。とくに長時間のデスクワークなどで、慢性的な肩凝りや目の疲れを持っている人などは、この部分の血行が悪くなっているため、他の部分よりも回数は多めに。この時爪を立てて、ゴシゴシこするようにすると、逆効果になってしまうので注意！

時間にして3分程度で十分。カチカチに固まった頭皮が柔らかくなり、血流が良くなると、目のクマや肌のくすみもパっと明るくなるので、顔色も良くなりますよ。見た目にも若々しさを保つことができるので、シャンプー前にぜひ。

SCALP MASSAGE METHOD

髪も顔も若返る「頭皮マッサージ」

顔と頭皮は一枚皮。頭皮が固ければ、肌はもちろんたるみます。
逆に頭皮がやわらかい人は、シワも目立ちません。
ぜひ日々の習慣にしてくださいね。

①両手の指を熊手のように開いて、頭皮に当てて「生え際から→頭頂部へ」、「耳の上から→頭の頭頂部へ」と小さくらせんを描くように行います。このとき決して爪を立てず、指の腹を使って押さえるようにマッサージしましょう。

②後頭部（うなじから頭頂部にかけて）も、指で小さく円を描くようにしてマッサージ。その後、うなじあたりを親指で円を描くように押します。目の疲れを感じている人は、風池（うなじの外側のへこんだ部分）のツボを刺激するといいですよ。

5 美容院では恥ずかしがらずに「5歳若く見えるように」とオーダー

具体的なオーダーで、若返りを手に入れる

人は瞬時に他人の年齢を判断します。その際、顔そのものではなく、全体の雰囲気をつかんで判断するのです。そのため、最も目につく髪型を変えるだけで、10歳以上も若い印象を与えることは可能です。

そこで鍵を握っているのは、美容師さん。

若返りを実現するにあたり、彼らがカギを握っていると言っても過言ではありません（悲しいかな、どんなにメイクや服装が決まっていても、髪型が古いとそれだけで老けた印象になってしまいますから……）。

美容師を見つける際、重視しているのは、提案してくれるかどうか。その一択です。髪の変化、髪質、骨格に合わせた髪型やメニューを提案してくれる人が心強いですね。自分に似合う髪型は案外わからないので、そこはプロの力を借りるべきです。

SKILL.4
HAIR

そして、お気に入りの美容師を見つけたら、恥ずかしがらず、ストレートに「5歳若く見えるようにしてください」とオーダーしましょう。

前髪を作ったり、丸みのあるボブスタイル、透明感とツヤ感のあるカラーリング、髪のサイドのボリュームを抑え、トップにボリュームを持たせるヘアスタイル。

数ある若返りヘアスタイルのなかから、あなたの顔立ちに合う髪型やメニューを提案してくれるでしょう。

「5歳若く見える髪型で！」と伝えるのがどうしても恥ずかしい人は、ヘアカタログから若そうに見えるスタイルをオーダーするのもいいですが、反対に「こうしてほしくない」というイメージを伝えるのも手です。人は好きな髪型、なりたいイメージはなかなか言語化できなくても、「こういうのは嫌だ！」という基準は、明確に持っているもの。きっと、スラスラと出てくることと思います。

腕のいい美容師さんであれば、その基準から逆算して、あなたのなりたいイメージを導き出してくれるでしょう。

余談ですが、もしあなたがまさに恋愛中でしたら、異性の美容師さんにオーダーしても。女性と男性では「いい！」と思うニュアンスが微妙に違うので、異性の目線から見て美しく（かっこよく）仕上げてもらえるかもしれません。

6 分け目ぱっくりで5歳老ける。「女のプライド」を死守する方法

具体的なオーダーで、若返りを手に入れる

せっかく若返りヘアを手に入れても、分け目が「鯨の潮吹き」のようにぱっくりと分かれると、5歳ほど老けて見えてしまうもの。

美容師に相談し、カットラインを上から作り直してもらったり、前髪の奥行きを増やしてもらうと分け目が割れにくくなりますが、すぐに美容院に行けない場合は、自分で自然な分け目になるように調整することも可能です。方法は簡単。トップの毛を束で持って、くるんと人指し指でねじって後頭部に高さを出すのです。たったそれだけです。

後頭部に高さがあると、頭に奥行きが出て、骨格がキレイに見えるため、「品格のある人物」という印象を与えます。私たちのサロンでは、このトップのふくらみを「女のプライド」と呼んでいます（スタッフが命名しました）。

この女のプライドを死守することで、ぱっくり分け目を解消。品が出て垢抜けるの

で、人に与える印象は断然変わりますよ。これは、もちろん男性も同様です。

写真を撮る前、大事な会議の前、デート前……。「ここぞ！」というタイミングで、サッと後頭部に高さを出して、女のプライドを作りましょう。

髪には、後頭部のふくらみ以外にも気をつけるべきパーツがあります。

ずばり、毛先です。

昔、シャンプーのCMで「毛先15㎝のケアでカワイイはつくれる」というコピーがありましたが、まさにそう。髪型は、毛先次第で印象が大きく変わります。

毛先が整っていると、清潔感が出てお手入れしている感じが出ます。もっと言えば、髪全体が整っているように見えるもの。ところが、毛先がパサパサだったり、色が抜けていたりすると、途端に生活感が出て老けて見えてしまうのです。

お手入れ方法としては、まめにカットすること。同窓会やパーティなど、ハレの日の前日には、髪の長さがちょうど良くても、毛先を整えてもらうためだけに、髪を切りに行ってもいいくらいです。日常的には、保湿成分に優れたヘアオイルで、毛先に潤いを与えましょう。手にとって、髪の内側に揉み込むように優しくオイルをなじませます。

「毛先」と「女のプライド」。

ここさえケアできれば、5歳若く印象づけられます！

7 男性こそ注目。眉毛を変えると即5歳若返る

顔の印象の8割は、眉毛で決まる

眉毛は、顔の印象を左右する重要なパーツ。

ふんわりナチュラルな眉は、柔らかい印象へ。太くてストレートな眉はキリッとした印象になりますよね。眉一つで、顔全体が面白いほど変わるのです。

ＨＭｄメソッドでお伝えしている「眉のキレイな描き方」のポイントはこちら。

①左右の眉頭を揃える（左右バランスのとれた眉は、美しい眉の基本）

②眉山は、黒目外側の延長線上にとること

③眉尻は、眉頭よりやや上か同じくらい

④左右の濃さや形のバランスをとる

③の眉尻の位置は、若返りにおいて非常に重要。**眉尻が眉頭より下がっていると、老けた印象に見えてしまいます。眉尻は、やや上のほうが洗練された雰囲気になるのでおすすめ。**眉の長さは、小鼻のわきと目尻を結んだ延長線上にとるのが黄金比率だと言われていますが、やや短いほうがトレンドです。

私も、撮影や大事な商談前など「勝負顔」で挑みたい時は、必ず眉毛サロンでお手入れをしてもらいます（余談ですが、最近は男性専用の眉毛サロンが増え、随分と利用しやすくなりました）。男性はメイクをしない分、女性よりも眉毛が占める比重が高く、印象を大きく左右すると言っていいでしょう。

野性的な濃い眉毛もいいですが、自然に整えられた眉毛は、爽やかで若々しい印象を与えてくれますよ。セルフケアが難しい！ という人は、一度サロンでプロに整えてもらうといいですよ。それをキープするように、処理すればいいのですから。

最後に、これは男女ともに言えることですが、眉毛も「毛」。悲しいことに、年齢とともに薄くなってくるものです……。当たり前ですが、左右バランスよく薄くなるものではないので、抜けてしまった部分は、男性もアイブロウペンシルで描き足してください。

左右バランスのとれた眉は、若返りの基本。即5歳、若く見えますよ。

8 すべて無にする白髪の破壊力。自分のリタッチ周期を探そう

白髪は老いの象徴。放置してはいけない

私にとって「白髪」とは、若返りの努力を一瞬にして吹き飛ばすもの。

もちろん、主義で生やしている方、グレイヘアーが素敵なミドルもたくさんいますが、若返りの観点で言うと、白髪があるだけで実年齢より5歳は老けて見られてしまう。どんなにスキンケアやメイクを頑張っても、白髪があると台無しです。

私自身、普段は30代に間違えられることもありますが、前髪や生え際に白髪があったら、絶対そうは思われないはず。いいところで、40代後半でしょう。

ですので、若返りを目指している方であれば、白髪は絶対カバーすべきです。

よく色は？　カラー材の種類は？　天然植物染料のほうがいい？　などと質問を受けますが、それより髪の周期を知るほうがよっぽど大切です。

髪の毛は1カ月に約1センチ伸びると言われていますが、髪が生えるスピードは個

人差があるので、リタッチ（根元染め）が必要になる期間は人それぞれ。
常に白髪がない状態をキープするためには、リタッチ期間を把握する必要があると思うのです。なにせ少しでも存在しようものなら、一気に老け込んで見えるのですから。
私の場合は、1・5カ月周期がベストということが判明しました。

・全体染め→リタッチ（1カ月半後）→全体染め（1カ月半後）

このくり返しで、なるべく髪や頭皮に負担をかけないように配慮しつつ、常に白髪が目立たない状態を維持しています。


ちなみに市販の液剤を買って、自宅で白髪染めする人も多いようですが、サロンでのケアを推奨します。メリットとしては、色落ちしにくく、色持ちがいい。ダメージを極力抑える施術が可能。なんと言っても、仕上がりが断然キレイです！

1～2カ月に1度はケアしないといけないので、お金はかかりますが、若さを印象づけるうえで最重要項目である髪には、投資すべきです。

また「老いの象徴」である白髪を放置したり、適当にケアしていると「どうせ歳だし……」という発想につながり、時に若返りへの戦意を喪失させることも。

もうお分かりいただけましたでしょうか？

白髪には、徹底抗戦あるのみです！

SKILL.5 CONTINUE

毎朝8分のルーティンは、時間を止める不老の儀式

本当に若返る？　時間が巻き戻る？　その答えは、
生活のなかにいかに「美の儀式」を取り入れるか。
そして、たゆまず継続できるかにかかっています。
見た目年齢マイナス15歳を叶える朝の8つの儀式を
ご紹介します。

毎朝8分のルーティンは、時間を止める不老の儀式

1日200個のルーティンを実践しています

みなさんご存知のイチロー選手や、フィギュアスケートの羽生結弦選手が実践するルーティン。

ルーティンとは、一連の決まった動作のこと。スポーツ選手は平常心を保ち、本来の力を発揮するために実践しているそうですが、私は若返りのために実践しています。

ここでは、私の毎朝のルーティンをご紹介。この9つでたった8分です。

①ベットから出る前に、昨晩の睡眠レベルをチェック（○△×を自己評価する）

②①の評価に基づき、昨夜の入眠までの過程を再評価→今日の入眠までの行動に生かす

③ベッド内で体の伸びと簡単なストレッチにより、関節等に痛みがないか確認

↓痛みを感じる箇所があったら、そこを意識した生活を過ごすようにする

④起き上がり、洗面台の鏡で上半身と顔の様子をチェック

↓①〜③との評価との差があれば、昨日の生活を再評価。前日より生活の質を上げるプランニングをする

⑤歯磨きと冷水での洗顔（ソープは使わず、冷水一本で念入りに行う）

⑥スキンケアをしつつ、勝負顔をセットするマッサージ

⑦体重を測る

⑧日の当たる場所で、常温の水や白湯を立ったまま、姿勢を正して飲む

⑨植物発酵食品をお湯で溶いたものを飲む

私が若返りを実践するうえで心がけているのは「興味のあることは、一度試してみる」ということ。トライして良かったものは、積極的に取り入れます。ルーティンの良さは、やり忘れを防げること。くり返し行うことで、この流れが体に染みつくので、体が無理なく自動的に動くように。よくタレントさんが美をキープするために「何もやってません」と言いますが、それはまさに、このルーティンの自動化のたまものです。

不老を手に入れるには、日々の積み重ね。ルーティンでできるだけ多くの能力を獲得すれば、より若々しくなれる。そう信じて、毎朝実践しています。

2 「勝負顔」をセットするシワのアイロンがけ

「マスク美人」が多いのは顔の「下半分」が年齢を決めるから

朝の儀式のなかでとくに大切にしているもの。それは、勝負顔マッサージです。

話は少し遡りますが、42歳の頃、美容クリニックに通いまくり、ボトックス、ヒアルロン酸など、様々な施術を試しました。その時にどの医師に相談しても「口元」を優先して、ケアすべきだとおっしゃるのです。

たしかに、口元は年齢が出やすいパーツです。

二重あご、顔のたるみ、顔の輪郭がぼやける、ほうれい線、マリオネットライン。なかには、加齢とともに顔の筋肉が下がり、鼻の下が伸びてしまう人も……。そう考えると、「顔の下半分」が人の年齢を決めると言っても過言ではありません。

何か手を打たなくては！　危機感を覚えて始めたのが「勝負顔マッサージ」です。

洗顔後、まずは摩擦が起こらないように愛用の美容液を塗り込みます。肌を保護し

ておかないと、シワやたるみを悪化させてしまうので、たっぷりと。
次に夜間の再生機能で流し出された老廃物を以下の順番で流していきます。

①口角・小鼻の脇→②こめかみ→③耳の後ろ→④首筋

最終的には、鎖骨のくぼみにあるリンパ節（老廃物や余分な水分を回収する場所）に向かって一気に流し込みます。余談ですが、鎖骨のくぼみは詰まりやすいので、暇があれば指3本を使って、ぐりぐりとなでるようにマッサージしています。

ここでポイント。ただマッサージするのではなく、顔のシワをアイロンで伸ばすイメージで行ってください。無意識でやるのではなく、きちんと「意識化」することで、作業が丁寧になったり、リンパの詰まりなどを感じやすくなります。

同時に「シワを伸ばす」という成功イメージを頭に叩き込むことで、脳は実現するように体に働きかけてくれるのです。ただ漫然とやるより、結果に大きな違いが生まれます。これは経験上、言えることです。

たった2、3分でできることですが、寝起きのむくみも解消できて、今日1日の「勝負顔」に仕上がります。具体的なやり方は、次のページでご紹介しますね。

FACE MASSAGE METHOD

「シワのアイロンがけ」で毎朝、勝負顔に

私が毎朝習慣にしている、「シワのアイロンがけ」の方法をご紹介します。
必ず、化粧水やクリーム、美容液などを使って
滑りを良くして行ってくださいね。

①手のひらに美容液（化粧水でも可）をとり、軽く温めます。中指で小鼻の両脇を挟み、手のひらで肌全体を捉え、こめかみに向かって肌を引き上げるようにスライドさせます。こめかみまですべらせたら、中指で軽くプッシュ。

②親指以外の指全体を使って、こめかみ→耳の後ろ→首筋に向けて、さすり下ろします。コリを感じる時は、少しずつほぐしていくように。頭皮が硬い人は、指の腹に少し力を入れて行いましょう。

③首筋を通って、鎖骨まで両手をすべらせるようにして下ろします。そのまま、指を鎖骨中央にあるくぼみ（老廃物を回収するリンパ節）まで移動させ、軽くプッシュ。①〜③を5〜10回くり返します。

3 若い人は、唾液力が違う。デンタルフロスの強化

唾液には、若返りホルモンが含まれている

毎朝、歯磨き前に鏡の前で口を大きく開けて、舌の色と唾液の味を確認しています。唾液の味は、日々変化するのはご存じですか？　前の晩、お酒を飲み過ぎたり、夕食の時間が遅かったりするとまずい。体調を崩すと、味に違和感を覚えたりします。そんな健康のバロメーターにもなり得る唾液。

実は、**老化防止ホルモン「パロチン」が含まれるため、分泌を促せば若返りにも効果があるのです。**このパロチンがたくさん出ると、筋肉・内臓・骨・歯などの生育が盛んになり、若さを保ってくれるそうです。

対策として、**日中ガムを噛むようにしています。**以前は、「ガム＝眠気覚まし、口臭予防のために噛むもの」だと思っていたのですが、唾液の分泌に効果的。食事の時には本当は1口30回を目安によく噛んで食べるといいのですが、いまだに完璧にはできて

SKILL.5
CONTINUE

おらず、そこは自分自身にとっての今後の課題となっています。

また「唾液腺」を刺激するために、耳周辺や顎の下を痛くない範囲で指圧したり、軽く円を描くようにマッサージして、唾液の分泌を促しています。

唾液の分泌量が減って、ドライマウスになると、口臭、虫歯、歯周病、口内炎といった様々な口内トラブルを引き起こします。それを防ぐためにも、唾液の状況を日々確認し、自分なりにいい唾液を生成できるように奮闘中です。

歯磨きに関しては、ここ最近、デンタルフロスに重きを置くやり方に転換しました。デンタルフロスは、歯と歯の間の歯垢を除去するのに効果的で、虫歯や歯周病を防いでくれるアイテムです。糸を切って使用する「糸巻きタイプ」と「ホルダータイプ」の2種類がありますが、個人的には「糸巻きタイプ」が使いやすいですね。

歯ブラシの毛先だけでは、どうしても歯の隙間に入り込んだ歯垢をかき出すのは難しいのですが、デンタルフロスなら歯間にくぐらせて通すことが可能。

歯ブラシと活用することで、より衛生的な口内環境を維持することができますよ！

なかには「面倒くさい……」と思う方もいるかもしれませんが、歯磨き後の爽快感はヤミツキになります。私も、今ではやらないと気持ち悪いくらいです。

80歳まで自分の歯で過ごす。そのために、口内環境の改善に余念がありません。

朝、1杯の水は金。細胞に染み込むイメージとともに

「朝の水」の効果は、想像以上

朝のコップ1杯の水は「金」に値するって、聞いたことありますか？

金たる所以はたくさんあるのですが、まず腸のぜんどう運動を促す効果があります。目覚めに水を飲むことで、胃袋がその下にある大腸を刺激し、腸の伸縮運動が活発に。すると便が移動し、スムーズな排便につながるというわけです。

そうして腸内環境が整えば、質のいい血液が細胞の隅々に行き届き、すべての内臓器官の機能が回復。若々しい肌や髪を作るうえで重要な肝臓の働きが高まれば、それだけで若々しい外見をキープできるのです。

また、胃腸が刺激されることで副交感神経のスイッチが入り、自律神経のバランスが整います。すっきりと目が覚めて、1日を快適に過ごすことにつながるのです。

私も「水」の恩恵を受けるべく、毎朝、白湯や常温の水を飲んでいます。流れはこう

です。

①体重を測った後、キッチンに行き、常温の水や白湯をコップに注ぐ
②天気が良く、部屋に日光が差し込んでいれば、窓辺へ移動
③立ったまま姿勢を正す。姿勢を正したら、ひと呼吸
④一つひとつの細胞に水分を与えるイメージで飲み干す

ただ飲むのではなく「夜の修復作用により浄化された細胞が活性化している！」というプラスのイメージを強く思い描いて飲んでいます。そうすることで、より目覚めの1杯の効果が高まると信じているのです。

日光を浴びることも重要です。朝日を浴びることで、体は1日の始まりを意識し、体内時計がリセット。結果、自律神経のバランスを整えてくれるそうです。

姿勢を正して飲むのは、自分なりに厳かな儀式だと思っているため。お水の効果を最大限享受するために、真摯に向き合っていたいのです。

たかが水、されど水。「朝の水」の効果は、想像以上です。毎朝自然なお通じがやってくるようになりました。おかげで、気持ちよく1日をスタートできています。

5 朝は「底上げアイテム」で美のパフォーマンスを上げる

1日のスタートが良ければ、美の好循環は続く

不老の儀式のラストを飾るのは、朝食、ではなく白湯です。前にも申し上げた通り、8時間ダイエットを実践しているので、基本的に朝食は摂りません。ですので、白湯オンリー。白湯についてはP62で熱く語っていますが、体がゆっくりと覚醒していく感覚が心地よく、毎朝欠かさずに飲んでいます。

白湯だけでも十分いいのですが、より若返り効果を高めるために、植物発酵食品のパウダーを溶かしていただいています。商品については、P186で詳しくご紹介させていただきますが、活性酸素の浄化に力を発揮してくれる心強いアイテムです。

それに何より、朝に摂ることで体調がいいのです。個人的な実感としては、体が軽く、頭も冴えて、視界もクリア。肌の調子もすこぶるいい。今では「美の底上げアイテム」として、なくてはならない存在です。

個人的には白湯で大満足なのですが、朝食派の方におすすめなのはフルーツです。朝は、排泄器官が活発に働く時間帯。そのため、夜間の再生機能で流し出された老廃物の排泄を促す食品をとるのがいいとされています。**フルーツに含まれる植物酵素はデトックス効果があるため、体のなかをキレイにしてくれますよ。**

またフルーツに含まれる食物繊維には整腸作用があり、便秘を防いでくれる効果もあるようです。フルーツのなかでも、とくにキウイ、リンゴ、イチゴなどに多く含まれています。

しかし、ここで注意。

甘いフルーツは美味しくて食べ過ぎてしまうのですが、糖分が多いのも事実。くれぐれも、摂り過ぎには注意をしてくださいね。

気持ちのいい1日は「朝をどう過ごすか」にかかっています。

清々しく過ごすことができれば、前向きなマインドが手に入り、1日の活動にいい効果をもたらしてくれます。同時に体が喜ぶモノを摂ることで、体内もうまくワークするようになるので、美のパフォーマンスも上がると信じています。

朝食を摂る人も摂らない人も、「美の底上げアイテム（食品）」を見つけると心強いですよ。自分にとってベストなアイテムを見つけたら、毎朝欠かさずに摂りましょう。

6 魂のこもらないメイクでは意味がない

毎朝、集中してメイクしてますか？　テレビ観てませんか？

毎朝、どこでメイクをしていますか？　リビングに化粧ポーチと鏡を持ってきて、テレビを観ながら、化粧をしていませんか？

先ほどの質問にＹＥＳとお答えいただいた方に、あと一つだけ質問させてください。

ニュースや「今日の運勢」の結果を見聞きしながら、はたまた天気予報を確認しながら目の前のメイクに集中できますか？

メイクは、繊細な作業の連続です。

スッと伸びたシャープなアイライン、左右差のない自然な眉毛、きれいにセパレートしたまつ毛は、目の印象を格段に変えます。ベースやファンデーションも、丁寧に肌にのせていくことで、崩れにくくヨレにくい肌を作ることができます。

こうした顔立ちの美しさを最大限に活かすメイクは、何かに気をとられた状態では、

手に入らないと思います。断言できます。

汚れたコスメで、キレイになれるわけがない

メイクで美しさを引き出すためには、道具を大切にすることも重要です。スポンジやブラシが汚いとムラが出てしまいますし、チップが汚れているときちんと発色してくれません。ファンデーションの鏡が汚れたままでは、鏡本来の役割を果たしませんし、見た目にも汚い印象ですよね。

お手入れ方法としては、たとえばブラシは、定期的に中性洗剤などを含ませたぬるま湯に浸して洗う。コスメポーチは、ウェットシートなどでまめに拭き取りましょう。

ペンシル類は、先端を丁寧に削っておくといいようです。HMdメソッドでメイクを指導してくださっている石 明佳さんによると、特にアイブロウペンシルは、スクエア型に削ったほうが1本1本シャープなラインが描けるのだそう。

面倒に感じるかもしれませんが、少年野球で監督やコーチが子どもたちにバットとグローブを磨かせるのと同じ。人間は手をかけることでモノを大切に扱うようになるのです。

そうして愛情を持って使うことで、化粧の仕上がりも変わってくるはずです。

7 ハンドネイルは相手のための色、フットは自分のための色

ペディキュアは「攻めの色」がいい

パソコンのキーボードを打つ時、コーヒーカップを持った時、スマートフォンに触れる時……。日々の生活できれいに塗ったネイルが目に入ると、ハッピーですよね。

ネイルはメイクやヘアスタイルと違い、手をかけた成果を「自分で見ることができる」という特徴があります。そのため、手先を美しくケアしていると、それだけで幸せのモチベーションが高まるもの。そのやる気は美意識を高めることにもつながるので、常に美しい手先を維持していただきたいものです。

そこで悩むのが、ポリッシュのカラーですよね。まずはハンドから。

老若男女に受けが良く、多くの人に似合うカラーはピンクベージュ系です。肌なじみがよく、健康的な爪の血色に近い色なので、若返り効果も期待。年齢を重ねると濃い色のほうが映える気がして、紫、ワインレッドなどの濃い目のカラーを選びがちで

すが、女の濃度が上がり過ぎて、老けて見えてしまう可能性大です。大人の女性ほど、健康的な爪に見えるカラーを選択しましょう（おすすめのネイルカラーは、P172で紹介します）。

次は、ペディキュア。こちらは「攻めの色」がいいと思います。職業柄、カラーに制限があったり、ネイルがNGという方もいらっしゃると思いますが、フットは自由に楽しめるという人が多いはず。赤でも、ブルーでも、イエローでも、ご自身のテンションが上がる色を選択するが勝ちです！

ペディキュアといえば、夏の時期だけ塗るという人も多いのでは？　秋冬は、素足になる機会が減るため、ついついケアを怠りがちです。

しかしサロンのお客様を見ていると、通年ペディキュアを塗っている方は、実年齢より若く見えるのです。例外なくです。その方々のオーダーを見ているとカラーだけではなく、健康な爪を育むために「ケア」にも力を入れておられますね。

人の目に触れようが、触れまいが、見えないところまで気を配れる人は、総じて美意識が高い。結果、若返りを手に入れているのでしょう。

見えないところまで気を配れたら完璧。

1年間欠かさずに続けることで、若返り意欲は高まること間違いなしです。

8 続けなければ意味がない。まずは靴を揃え続けることから

自分で決めたことを続けることで、心が健康に

「若返りのために、一番大事なことは？」

その答えは自分が美容、健康のためにやると決めたことを「続けること」に尽きます。ビル・ゲイツ、スティーブ・ジョブズ、松下幸之助……。天才と呼ばれる成功者には到底及びませんが、凡人の私が経営者として25年もビジネスをやってこられたのは努力を続けてきたから。それは、若返りでも同じこと。個人のポテンシャルに関係なく、人は続けることで時に天才に勝てる。

私が実践している「朝の儀式」も1、2日続けたって、さほど効果はないでしょう。5年以上続けてきたからこそ、若々しさを維持出来ているのです。

簡単に続けると言っていますが、これが想像以上に難しい。人は心が健康でないと、自分が決めたことを続けることができないのです。たとえば、朝の儀式の一つ、体重

チェックも「今日はいいや！」とスルーするのは、心に隙がある証拠です。
その心の弱さは、若返りにおいて嫌というほど顔を出します。「今日くらい食べ過ぎていいや」から始まり、最終的に「別に、いつまでも若々しい自分でなくてもいい」に至ってしまうかもしれない。相当、厄介です。
では、心の弱さと決別するためにはどうしたらいいか？ その第一歩として「毎日靴を揃えること」をおすすめしています。子どもでもできるような単純なことですが、欠かさずに続けることで自信につながるのです。
ただし、義務化して漫然と靴を揃えても、何も起こりません。くり返しお話ししている通り「無意識」を「意識化」して揃えることが大切です。すると、たたきの汚れが気になったり、家族の靴を揃えたり、揃えるときに指先が気になりネイルをしてみようと思ったり。意識が派生し、靴を揃えるという行為に、美を高める習慣がプラスされていくはずです。

人は自分が決めたことを続けることで、健全な心が宿り、あらゆることに前向きに取り組めるようになるものです。同時に精神的に強い人は、タフでぶれない。

だからこそ、忙しさを言い訳にしたりせず、自分で決めた習慣や美容法を毎日欠かさずに続けることができる。不老は一日にして成らず、ですね。

SKILL.6
CORE

体幹トレーニングなしに
理想のボディメイクは語れない

体の軸である「体幹（コア）」を鍛えると
体を機能的に使えるようになります。
結果、全身バランスよく引き締めることが可能に。
加齢とともに衰えがちな「体幹力」を
トレーニングで徹底的に強化しましょう。

体幹トレーニングなしに理想のボディメイクは語れない

軸を強化して、体の機能を高める

体幹は、脊柱（体幹の中軸をなす骨格・背骨）を中心とした外側・内側の筋肉や肩甲骨、股関節などの骨のこと。

簡単に言えば、「体の幹」である、胴体部分のことを指します。体幹を鍛えると、姿勢の維持・保持がしやすくなります。結果、重力に対して適切なポジションを取れるので、それが原因で発症する肩こり、腰痛などの不調の改善にもつながります。また身体が疲れにくくなったりと、嬉しい効果がたくさん期待できるのです。

アスリート界では常識となっている体幹トレーニング。

プロテニスプレーヤーの錦織圭選手やサッカーの長友佑都選手など、世界で活躍する一流選手も数多く実践しています。

今年、箱根駅伝3連覇を果たした青山学院大学の陸上競技部も練習に取り入れてお

り、体幹トレーニングは「青学旋風」を巻き起こす原動力となった、とも言われております。

しかし、なぜアスリートは、体幹トレーニングに取り組むのでしょうか？

それは、一つに体幹が強化されると「動作が安定」するため。長友選手が海外の大柄な選手に当たり負けしない理由の一つは、このためです。次に体幹が安定することで、腕の力を脚に伝えるといった四肢への伝達スピードが上がり、パフォーマンスの向上が期待できるというのです。

かくいう私も、体幹を鍛えて、理想のボディメイクを行っています。

個人的な実感ですが、筋トレのみに励んでいた時代より、身体を機能的に使えるようになりました。**関節や筋肉が本来の役割通りに正しく動き、思い通りに連動することで、動きがスムーズになったのです。**最小限の力で、最大のパフォーマンスが発揮できるようになったので、トレーニング効率も高まったと思います。

何より筋肉が均等に付き、全身バランスよく引き締めることができています。

また、身体を機能的に動かせるということは、必要以上に関節に負担をかけないということ。怪我の予防にもつながるのです。

デスクワーク中心の現代生活では、どうしても体幹は衰えがちです。また、体幹は年齢とともに衰えやすいので、意識的に鍛えていく必要があるのです。

体幹を鍛えると、内臓が正しい位置で正しくワークする

内臓を支えているのは、体幹の筋肉と骨

体幹が衰えると、内臓の機能も低下してしまいます。

体幹には、心臓や肺、胃腸、肝臓など、人間の生命活動を維持する上で重要な臓器が集約されています。

そしてこの臓器は、体幹の筋肉と骨によって正しい位置に収められており、それぞれの機能を果たしているのです。

しかし体幹が衰えると、内臓を定位置で支えることができず、本来と違う位置に下垂してしまいます。結果、十分な活動ができなくなってしまうのです。

内臓の機能が下がるということは、全身の老化につながります。

たとえば、肝臓の機能が低下すると、毒素が排泄されず体内に溜まり、肌荒れを起こしたり、顔色が悪くなったり、慢性疲労なども起こしてしまいます。

SKILL.6
CORE

胃腸の機能が低下すれば、体に取り入れた食事を栄養として吸収できず、また、腸の働きが低下することで排泄も不十分となり、不要な毒素をためこみます。

女性の多くが悩んでいる「下腹ぽっこり」も、皮下脂肪より内臓下垂（内臓が下に垂れ下がる）が原因となっていることが多いようです。

逆を言えば、トレーニングにより体幹が安定し、内臓が正しいポジションを保てるようにすれば、本来の機能を取り戻すことができます。

具体的には、以下のような効果が期待できます。

- **全身への栄養を効率よく供給し、新陳代謝を高める**
- **腸の機能がアップし、免疫が高まる**
- **基礎代謝がアップして、痩せやすくなる**
- **ウエストにくびれが生まれる**

普段あまり気にすることはないと思いますが、内臓の位置は健康を維持するうえでも、若返りにおいてもとても重要です。アスリートのためのトレーニングだと思わずに、みなさんにも体幹を鍛えていただきたいです！

3 チェック！ 呼吸でわかる あなたの「体幹力」

体幹力は、腹圧と横隔膜(おうかくまく)の働きが握っている！

ここまで体幹を鍛える必要性、身体に与える影響についてご説明してきました。具体的なトレーニング法に入る前に、まずはご自身の体幹がどの程度衰えているのか、チェックしてみませんか？ 方法は、至って簡単です（P135参照）。

腹部を膨らませたまま、息を吐けるかどうか。

これだけで、あなたの「体幹力」がわかるのです。これができるということは、腹圧が均等にかかっているということ。腹圧とは腹腔内(ふくこうない)（胃腸などが収まっている部分）の内圧のことを指します。**腹圧が均等にかかる＝体幹が安定している状態を指すため、この動作ができるかどうかで、体幹力がわかるのです。**

このほか体幹力は、姿勢でも確認することができます。

P135の下の図のように、胸が上に開いて、骨盤が前傾していませんか？

SKILL.6 CORE

あなたの体幹力をチェックしましょう

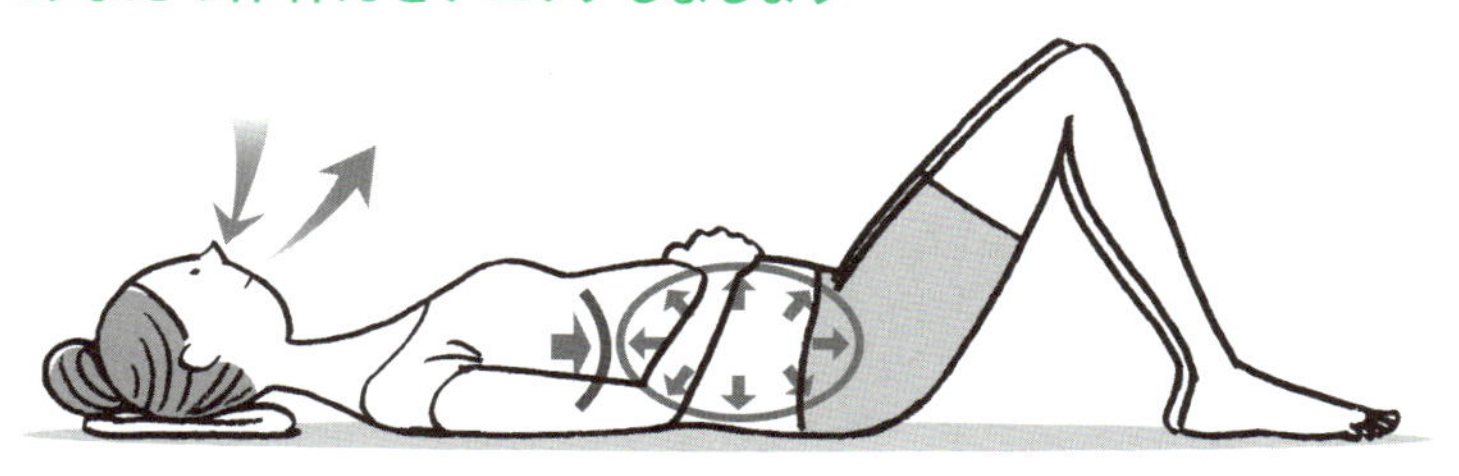

①頭の下に折りたたんだタオルを当て、仰向けになる。まずは息を大きく吐いて、肋骨を下に下ろす。
②息を吸って、腹部が均一に拡張されるように膨らませる。
③息を吐いても、お腹が膨らんだ状態をキープする（息を吐く際は、肩を下げること！）。

「これが、いい姿勢！」思い込みかもしれません

左は正しい姿勢。横隔膜と骨盤底筋（骨盤の底にあり、子宮や膀胱を支えている）が床に対して、水平に。この状態だと、腹圧が均一にかかります。一方、右の姿勢だと背筋は伸びて見えるものの、胸が開きすぎて横隔膜（肋骨）が上を向き、骨盤底が前に下がっています。いわゆる反り腰（オープンシザース）ですね。いい姿勢と勘違いされやすいのでご注意を。

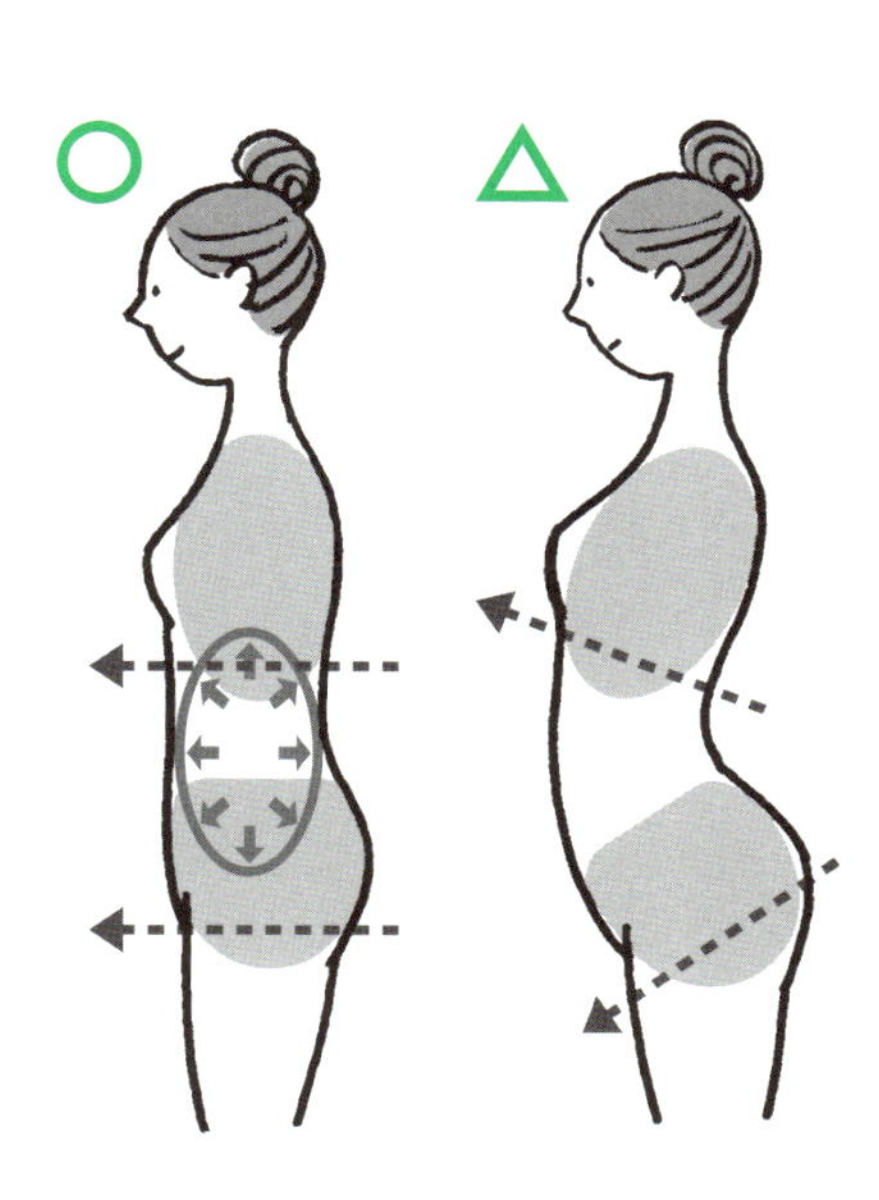

これはオープンシザース（反り腰）という姿勢。この状態では、腹圧が均等にかからないため、体幹が安定しているとは言えません。

正しい姿勢とはＰ１３５の図のように、横隔膜と骨盤底が床に対して水平を保っている姿勢のこと。この状態だと体感が安定し、腹圧がバランス良くかかるのです。同時に横隔膜の動きが良くなり、呼吸も深くなります。

しかし、正しい姿勢と言われても、自分で確認するのは難しいものです。

そこで実践していただきたいのが、Ｐ１３７の「抱きしめポーズ」。

先ほど、正しい姿勢をとると横隔膜の動きが良くなり、呼吸の質を高めるとお話ししました。つまり、**深い呼吸ができる＝正しい姿勢をとれているという目安になるのです。**

ここで実験です。

背筋をのばし、胸を大きく開いた姿勢で、息を吸ってみてください。今度は、自分を抱きしめて手を下ろした状態のまま、息を吸い込んでください。先ほどとは、肺に入る空気の量が違うでしょう？　これが正しい姿勢です（骨盤底は横隔膜と協調しているので、横隔膜の位置をリセットすれば、必然的に骨盤底も正しい位置に収まる）。

横隔膜は呼吸だけでなく、体幹の安定のために働く大切な筋肉。横隔膜が適切に、効率よく働く姿勢をとることは、体幹力を高めることにもつながるのです。

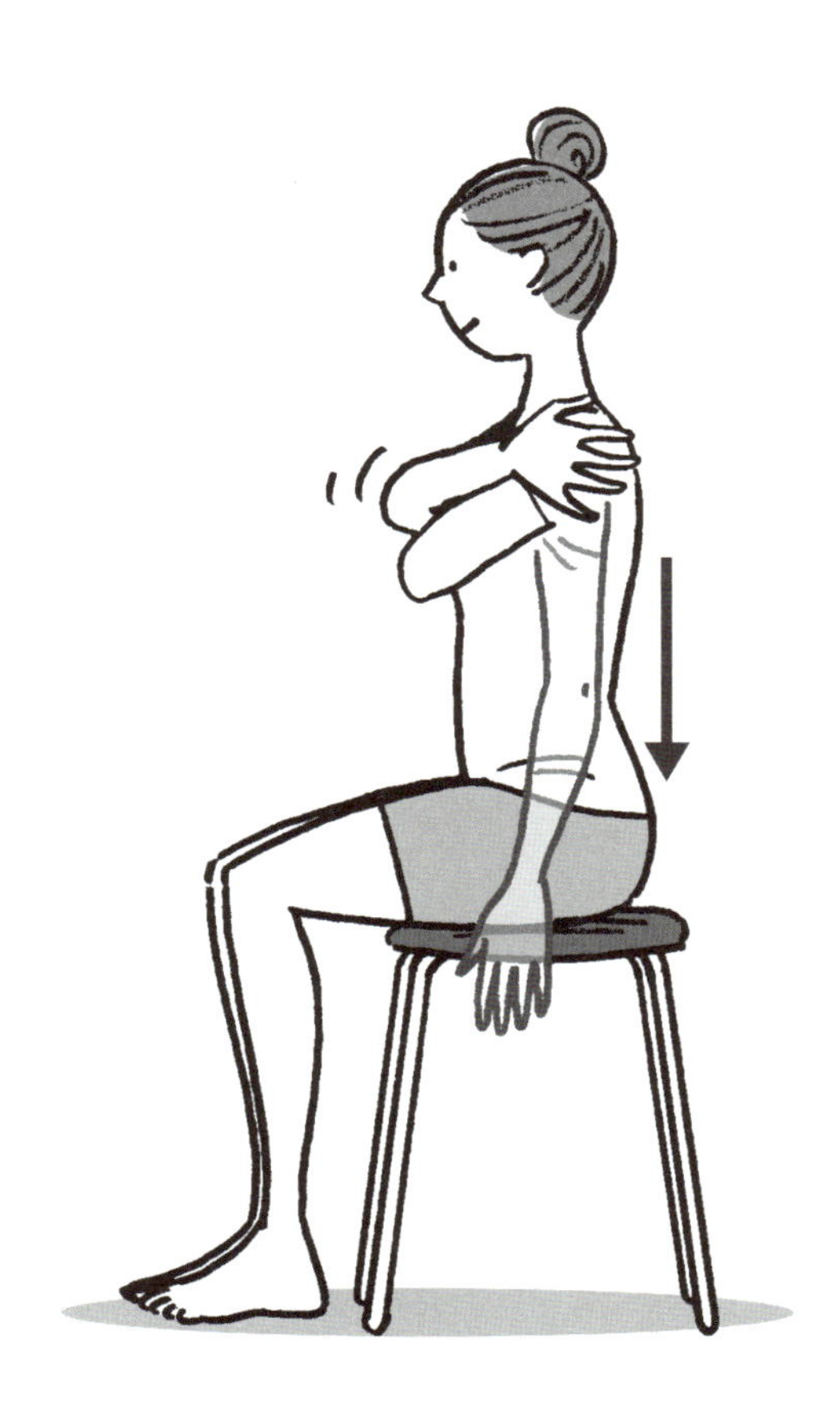

肩の力が抜けた「正しい姿勢」は、この動作ですぐに分かる

手を開いて、自分を抱きしめて、そのまま自然に手をほどいて下ろす。その姿勢が肩の力が抜けた「正しい姿勢」です。肩が少しだけ内巻きになっていて、思ったよりも自然な姿勢だと思いませんか？　この動作を意識的に行うことで、体が正しい呼吸を覚えるため、自動的に深い呼吸ができるようになる可能性大です！　肩に力が入りやすい人や反り腰の方におすすめです。

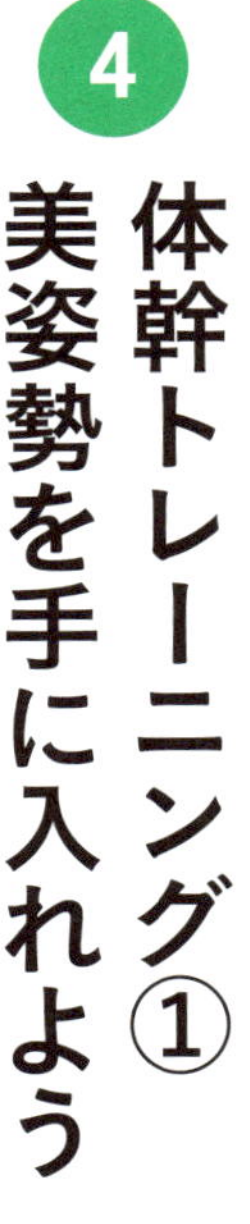

4 体幹トレーニング① 美姿勢を手に入れよう

肩を固定し、バッグを前後に移動！

早速、私が実践している体幹トレーニングをご紹介させていただきます。

まずは、バッグを使ったトレーニング。

立て膝をついて、バッグを胸元に引き寄せる→離すをくり返し行います。

一見、体幹にアプローチしていないように見えますが、肩甲骨まわりをコントロールしつつ、物体を前後させることで重心が移動。体幹もその動きに連動し、反射的にリアクションを起こすので、体幹を構成する筋肉である横隔膜、腹横筋、多裂筋、骨盤底筋などを効率よく強化することができるのです。

また、脊柱を垂直に起こして動作をしていくことで、横隔膜と骨盤底を水平に維持したまま、歩行できるようになるのです。

続けているうちに体を支える脊柱が上下左右、全方向に対し安定するので、姿勢が

呼吸を止めないようにバッグを前後に動かして

立て膝をついて、背筋を伸ばす。バッグ（中身の入った、ある程度重さのあるものが◎）を両手で持ち、胸元に引き寄せる→まっすぐ伸ばす、をくり返す。腕をのばした時に肩甲骨が前に移動しないように、また息を吐く際、お腹を凹ませないように行うのがポイント。これを10回×２セット。手を伸ばした時に、体勢が不安定になる人は、体幹が安定していない証拠。

美しくなりますよ。猫背や巻き肩（肩の関節が前方に巻き込まれた状態）で、お悩みの方にとくにおすすめのトレーニングです！

不安定な姿勢で、体幹をバランスよく強化！

次は、不安定な姿勢から体幹を強化するトレーニングです。詳しいやり方はP141の通りですが、胸を開かず、背中を丸めず、ニュートラルな姿勢を保ちましょう。

また、この動きには股関節を屈伸する効果もあります。**股関節まわりがほぐれると、全身の血流も良くなり代謝が活発になるので、シェイプアップを目指されている方は、回数を増やしてトライしてみてください。**

さらに若返り効果も！　体幹の深層部にある横隔膜、腹横筋、多裂筋、骨盤底筋が万遍なく活性化するため、姿勢保持の機能が正しく働くように。くり返しになりますが、姿勢を整えることで、横隔膜が適切に、効率よく働くので、呼吸の質は高くなります。

呼吸は1日に約2～3万回も行われていると言います。我々は、1日お茶碗100杯分の空気を吸っているそうです。呼吸の質が高くなれば、新鮮な空気（酸素）が血液を通じて、体のすみずみまで行き渡るように。細胞が活性化して、いつまでも若々しくいられるでしょう！

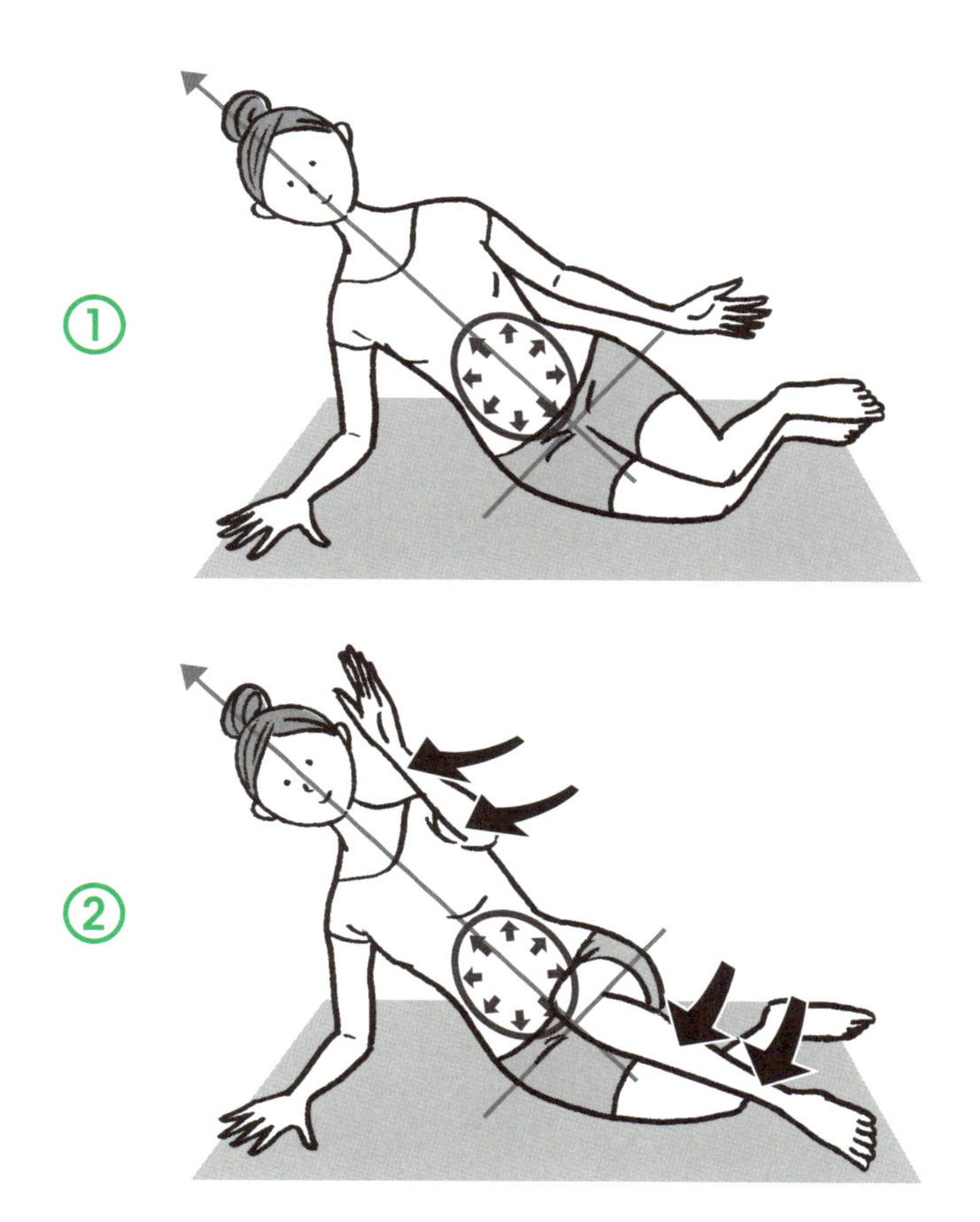

骨盤を動かさないように体幹に力を入れて

①横向きになり肘を肩の真下につく。両ひざを揃えて90度に曲げる。手はイラストのように体側に沿って自然に浮かせてスタンバイ。
②体幹に力を入れて骨盤を前後に動かさないよう固定したまま、手と足を前方に出す。その後①の姿勢に戻る。息を吐く際、お腹が凹まないようキープ！　①、②をゆっくり左右7回づつ行う。

5 体幹トレーニング②
不調改善でイキイキとした毎日を

四つん這いになり、2点で体が支えられるか？

ここで紹介するのは、体幹の安定性を確かめる際にも行われる動きです。一見すると単純な動きなのですが、**肩と股関節との協調性（連動性）、脊柱のコントロールが要求される奥深い動きなのです。**

また、思考レベルではクリアできないのも特徴。たとえば、「右にフラついて危ないから、バランスを左に戻したい」と思った時には、すでに手が床に付いたり、足が付いてしまうのです。コアが無意識のレベルで安定している必要があります。

さらに床に付いている足を浮かすことで、上体がより不安定に。バランス感覚が強化できるため、体幹まわりの筋肉（主に腹部と背部）が鍛えられていきます。

四つん這いトレーニングでコアが安定すると、体を正しく使えるようになるので、腰痛や肩こりなどの不調が改善されますよ。

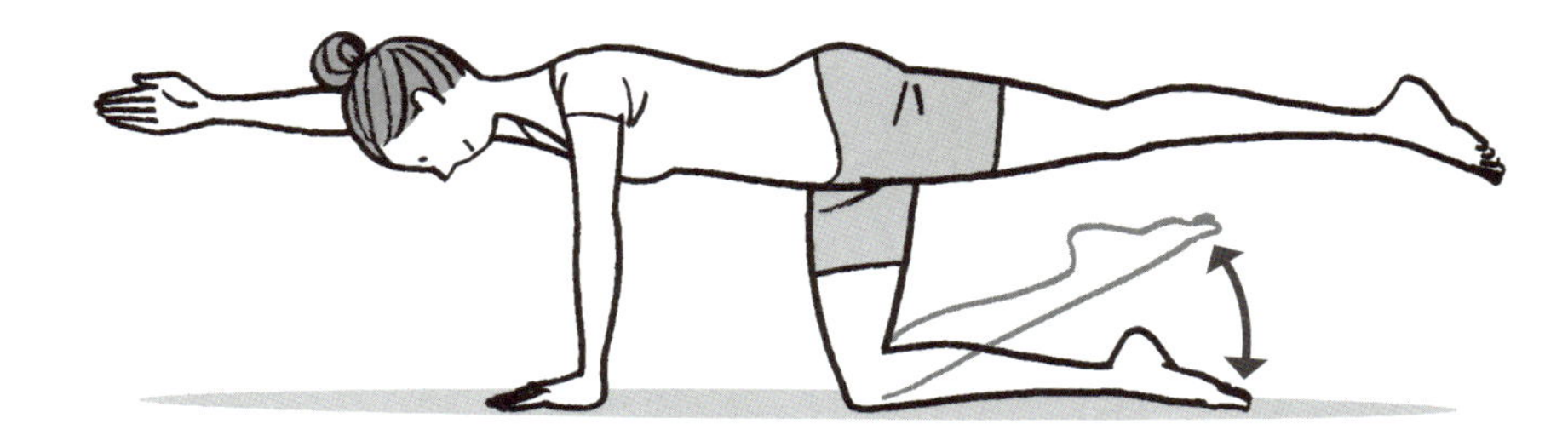

安定しづらい部分は「肩甲骨」と「股関節」の２つ

①柔らかいマットの上で、四つん這いになり、手は肩の下に置く。両手と両膝の間隔はこぶし１つ分程度空ける。この時、すでに腹圧を高めておくこと！
②対角の右腕と左脚を床と平行に上げ、バランスを保つ。
③さらに右足のつま先を床から浮かせ、左手と右膝の２点で体がブレないように支える。呼吸を止めずに、10秒キープできたら合格！　左右を替えて同様に行う。

6 体幹トレーニング③ 美しいヒップラインを手に入れる

負荷はキツイが、日常動作がスムーズになる

最後の体幹トレーニングは、クッションやティッシュボックスを使用して行います。こちらも、P143の四つん這いトレーニング同様、体幹を強化すると同時に、コアの安定性を確認できる運動です。

求められる能力は、「回旋運動」に対するコアの安定性。屈曲、側屈などに比べて大きな可動域を必要とする、回転させる、ひねるという行為に対し、コアがどこまで連動しているかがキーとなります。

具体的には腕立て伏せの姿勢をとり、体の中央（胸元）に置いたクッションを右手で反対側（左方向）に押し離します。クッションの位置を戻し、今度は左手で右方向へ。お腹の前・横に力を入れて、身体が揺れないように姿勢を維持しながら、行ってください。

ここで（クッションを置いた）距離の左右差を確認。差が大きい場合、上半身のバラ

SKILL.6
CORE

ンスが悪く、コアが安定していないということになります。原因としては、日常的に使いやすい側ばかり使用されていることが考えられます。

腕立て伏せは、一見すると腕まわりに効きそうですが、不安定な状況下でバランスをとることは、体幹の安定性を鍛えることにつながります。同時に、体幹の重要なパーツである腹直筋、腹横筋も強化。さらに片手を離し、物を移動させる行為によって、負荷が一気に高まります。大胸筋、上腕筋にアプローチして、体幹をより鍛えることができるのです。普段あまり意識しない、背筋を引き締めることもできますよ。

注意点としては、腰に負担がこないように背中を反らないこと。反り腰の方がやってしまいがちですが、怪我につながってしまう恐れがあります。また、お尻が上がったり下がったりしないよう、高い位置でキープ。その他の効果としては、股関節、膝、足首の動作が良好になり、脚がすっきりと細くなるでしょう。お尻の筋肉（大臀筋（だいでんきん）・中臀筋（ちゅうでんきん）・小臀筋（しょうでんきん））にもアプローチできるので、ヒップアップも期待できますよ。

何より続けることで、上半身と下半身の連動性が高まり、動きがスムーズになります。歩く、立つ、正座する、階段を上り下りする、手で物をつかむ……といった普段何気なく行っている動きが俊敏であれば周囲に若さやアクティブさを印象づけることもできるでしょう。

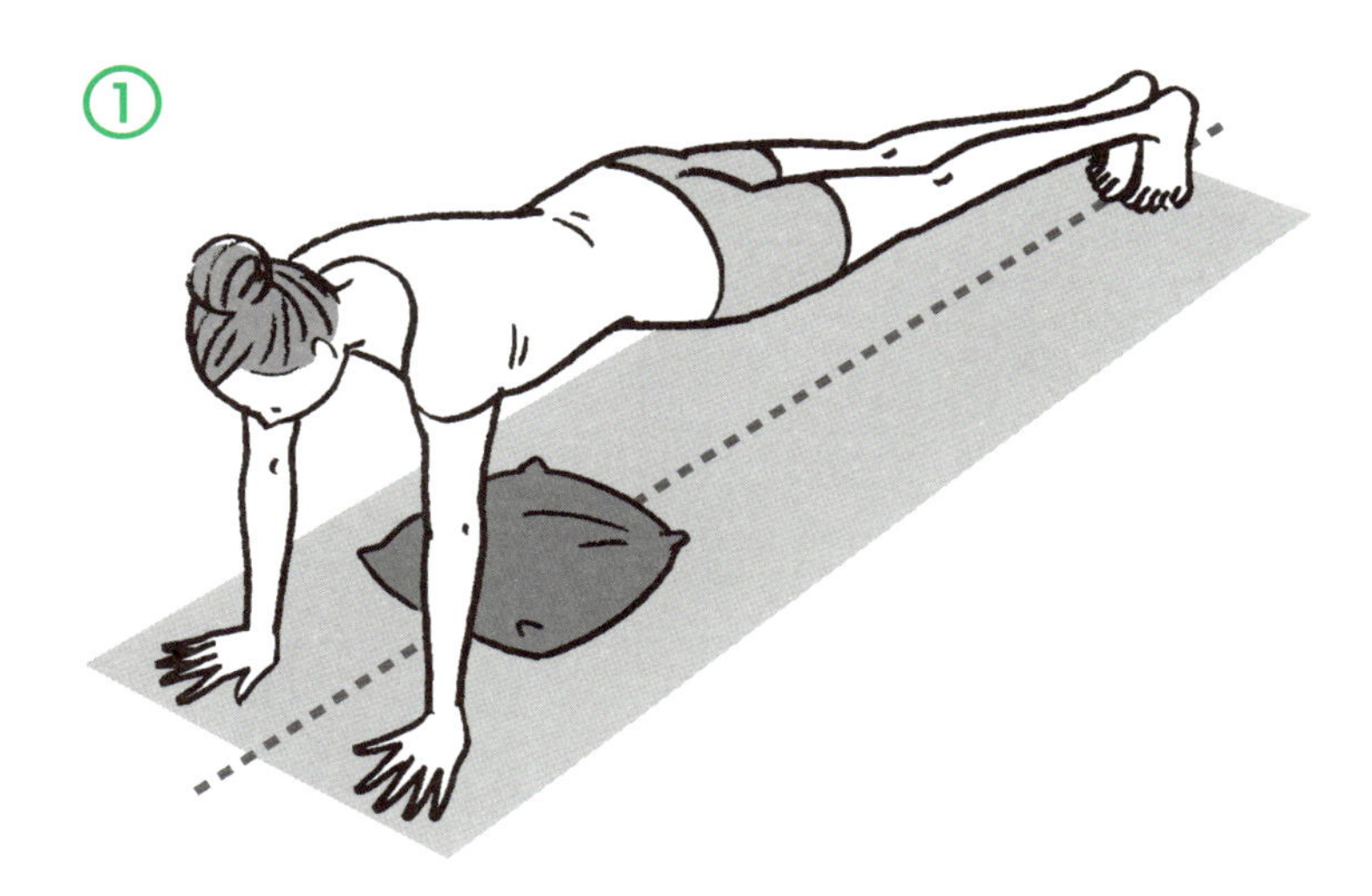

センターラインにクッションをセットして腕立ての姿勢を

①腕立ての姿勢をとって足を閉じ、センターライン上にクッションをセットする（このとき、床にテープを貼ったり紐を置いたりなどして、目印を見える化するとなおよし）。クッションが胸元にくるように。

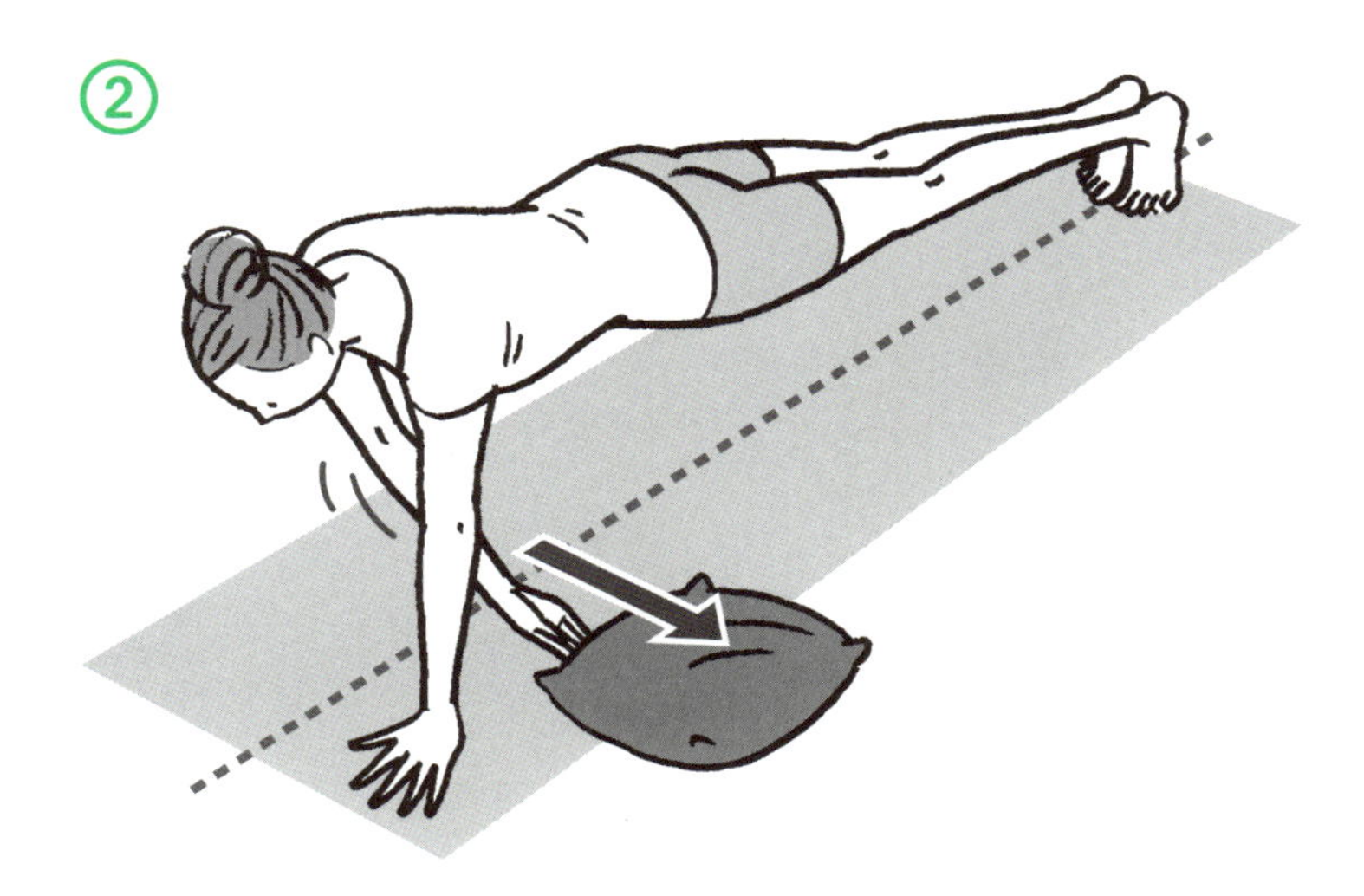

左右の距離の差に注目。あなたの体幹筋のバランスは？

②右手を離し、左方向にクッションを限界まで押していく。腰は反らさず、お尻は高い位置でキープする（移動距離を記録するため、テープなどで印を付けるとなおよし）。クッションを元の位置に戻し、手を変えて同様に行う。移動距離の左右差を確認して、自分の左右の体幹筋バランスにしっかり注目。苦手な方は回数を多めにするといいです。

トレーニング監修：HMdパーソナルトレーナー　堀江登志幸

7 背中の見える服、着られますか？

背中は、その人の美意識を語るパーツ

突然ですが、背中に自信はありますか？

背中は鏡で確認しない限り、自分で見ることができないパーツ。ケアがしにくく、脂肪が落ちにくい場所だからこそ、背中がキレイだと「美意識が高く、繊細な女性」と好感を持たれるのです。贅肉が気になる人は、肩を回したり、手を後ろで組んで背筋を伸ばすなどして、日常的に背中の引き締めを行いましょう！

同時に、美しい背中を手に入れるためには、思い切って背中が開いた洋服を着ることも効果的。人間は、コンプレックスのあるパーツを隠しがちですが、隠したところは確実に緩んで、脂肪が付いていくのです。

何より人に見られることで、意識が高まるもの。露出することで美意識のスイッチが入り、「ムダ毛を処理しなくちゃ」などと、よりケアに力が入るでしょう。

ハードなトレーニングを週に60分以上すると、老ける。

過度な運動は、活性酸素を生み出す！

闘病生活を経て「健康」を取り戻すことを誓った私は、その第一歩として当時流行っていた某トレーニング専門ジムでカラダを鍛え始めました。

体重の増加と筋肉量アップにより、それまでの貧弱な体格が変化。周囲の反応も良く、どんどんトレーニングにハマっていきました。挙げ句の果てには、常にトレーニング出来るように3箇所のジムに通う始末。当然無理が祟り、肩を負傷。それでも懲りずに数ヶ月休んでは、トレーニングを再開。また怪我しては休む……をくり返していました。

本来の目的を見失い、筋肉を付けることに没頭した結果、アンバランスな体型になってしまいました。下半身は細いのに、腕だけが異様に太いんです。何より、当時の写真を見ると、シミやシワが目立っていて、実年齢より老け込んでみえるのです。

それもそのはず。過度な運動は、体内に「活性酸素」を増やして、老ける原因となっ

てしまうのです。活性酸素は、体内に取り込まれた酸素量が多ければ多いほど生成されるもの。**激しい運動は酸素を多く取り込むため、それだけ活性酸素も多く発生するのです。**

体幹トレーニングを取り入れて以来、ウエイトを使ったハードな運動は1週間60分まで、と決めています。この最小限の運動でも下写真のように、理想の体は手に入ります。

私のように体幹を鍛えたい、体の機能を高めたい、体型維持したいという方なら、この程度で十分です。確かに運動時間を増やすほど、カロリー燃焼量は多くなりますが、90分以上行うと体に負担がかかったり、精神的にもストレスになったりすることが多いようです。女性でも最近はハードなトレーニングが流行中ですね。どうぞお気をつけください。

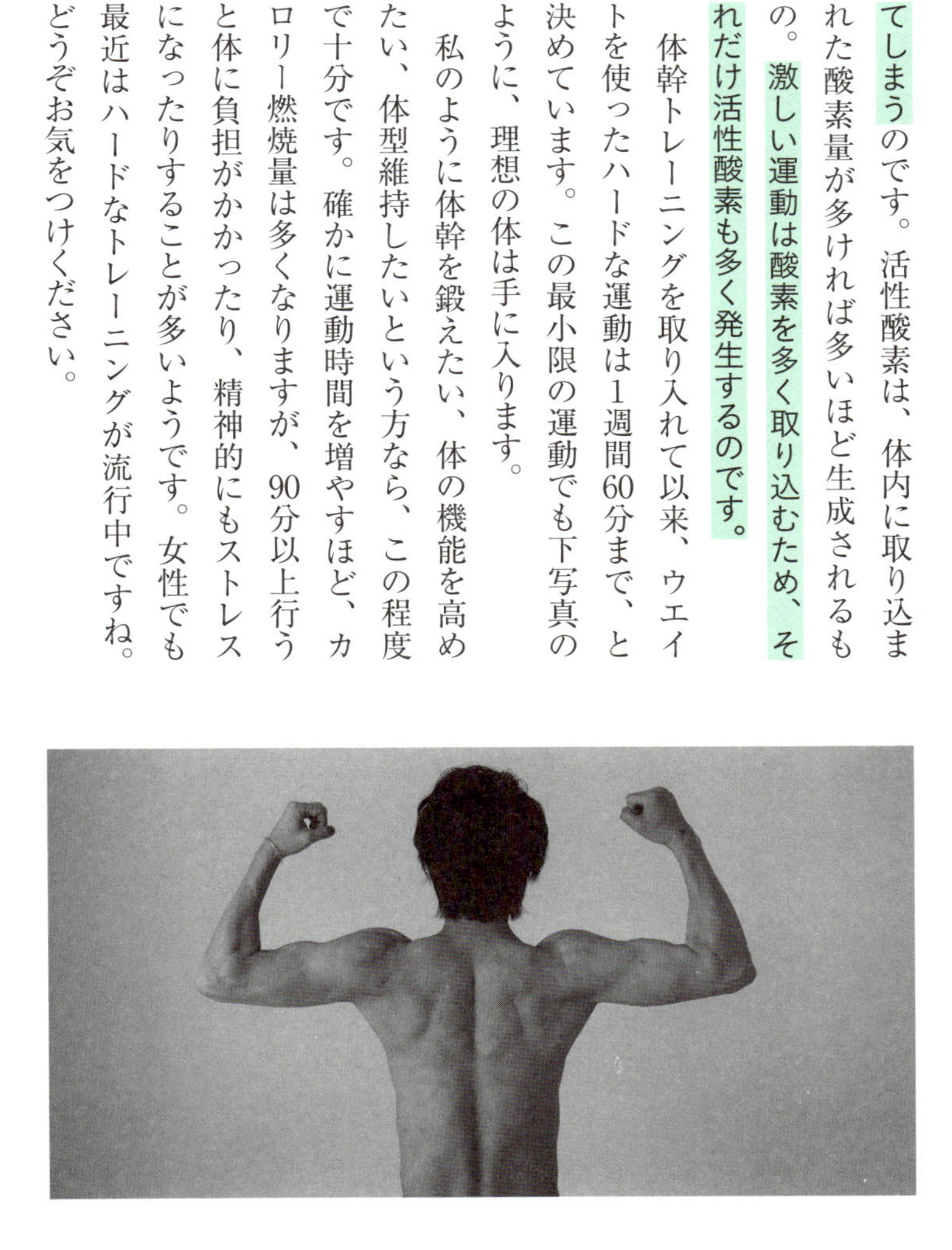

SKILL.7
SLEEP

睡眠効果を最大限に高める
入眠前のイメージワーク

夜は細胞の修復・再生、排泄が行われる時間。
その作業に全力で励んでもらえるように
ベッドに入ったら、細胞たちに感謝の気持ちと、
睡眠時にしてほしいことをお願いするのです。
眠りに入る前、自分の体と向き合ってみませんか？

1 睡眠効果を最大限に高める入眠前のイメージワーク

細胞一つひとつに感謝し、祈りを込める

夜は細胞の修復や再生を担うホルモンが分泌されたり、排泄（デトックス）が行われる時間。私たちの体には、睡眠時に日中の活動で傷ついた細胞を修復・再生するというサイクルが備わっているのです。

そのサイクルを知って以来、横になり、眠りに落ちるまでの間に私は毎晩こう祈ることにしています。

「細胞の修復がうまくいきますように」
「質のいい睡眠がとれますように」
「老廃物がスムーズに流れますように」

細胞1個1個がワークして（＝うまく機能して）、体の回復に全力で励んでもらえるように、「今日もありがとう」という感謝の気持ちと、睡眠時にしてほしいことをお願いするのです。植物に話しかけると元気に育ってくれるのと同じで、体の細胞にも声がけすることで、いいように作用してくれると信じています。

ここで注意。ただ祈るだけではなく、イメージすることも重要です。たとえば、実際に細胞がうまくワークして、体のあらゆる器官を修復してくれているイメージだったり、血流やリンパの流れが良くなり、スムーズに老廃物を回収し排泄されていくイメージだったり……。

P94でもお伝えしましたが、人間は良いイメージを脳に叩き込めば、体がそれに向かって、勝手にワークしてくれるのです。

ですので、体内がうまくワークしている様子をイメージすることは、体の修復・排泄効果を高めるためにも、とても大切なことだと思います。

入眠前のイメージワークは、睡眠の効果を最大限引き出すための儀式。

私自身、その効果を感じています。まず目覚めが格段に良くなり、短時間の睡眠でも疲れがすっきりとれるように。何より体が軽く、体調がすこぶるいいのです。

眠りに入るほんの少し前、自分の体と深く向き合ってみませんか？

2 睡眠は「6時間」をなんとしてでも死守する

睡眠不足は、体を一気に錆びさせる

突然ですが、タレントの武井壮さんに憧れています。百獣の王を目指しているわけではありません(笑)。トライ&エラーを重ねて、あらゆる能力を獲得している武井さん。私自身、若返りを「能力」と捉え、日々能力獲得に励んでいる身なので親近感を覚え、彼のように高い能力を身につけたいと思っているのです。

武井さんが獲得した能力の一つに、「短期睡眠」があります。なんでも1日45分程度の睡眠で、十分に体を休めているそうです。彼に刺激を受け、私もいろいろな睡眠のとり方を研究しましたが、なかなか難しいですね。

私の場合は、6時間は睡眠時間を確保しないと日中に眠気が訪れたり、パフォーマンス(集中力・判断力)の低下につながることが分かったので、12時前には就寝し、6時~7時に起床。このサイクルを確保するようにしています。

言うまでもありませんが、睡眠は若返りに非常に重要です。

睡眠不足に陥ると、睡眠時に分泌される自然免疫の主成分であるナチュラルキラー細胞の数が3割も減り、細胞の活動も鈍くなると言います（体がうまくワークしない）。免疫力が落ちるため、体のあらゆる器官に影響を与えます。

また、睡眠不足に陥ると「メラトニン」の分泌が悪くなります。メラトニンは、人間の体内で生成されるホルモンの一種で、別名・睡眠ホルモンと呼ばれています。このメラトニンには、自然な眠りを導く作用だけではなく、日中に発生した「活性酸素」を除去する働きがあります。

活性酸素は「体を錆びさせる」作用があり、いわば老化の原因。メラトニンは、30歳を過ぎた頃から減少するので、それに睡眠不足が加わり、メラトニンの分泌がより少なくなってしまうのは、若返りを目指す者にとっては死活問題です。髪はぱさつき、肌にはハリがなくなり、しわが刻まれるようになり、老化のスピードが一気に加速していく可能性もあるのですから。

若返りと睡眠の関係をご理解いただけましたでしょうか？

若返りのためには、とにかく睡眠が物を言います。まずは自身の生活を見直し、マイベストな睡眠時間を確保しましょう。

3 良かった日、悪かった日が睡眠で分かる方法

睡眠の質は、アプリで判断すべし

すでにお伝えした通り、睡眠は体にあらゆる影響を与えます。ですので、自分にとって最適な睡眠時間を知ることはとても重要です。

しかし、いい睡眠とは、時間だけでは語れません。

同時に、睡眠の「質」を高める必要性があるのです。質の良い睡眠とは、すっきり目覚めることができて「よく眠った！」という満足感が得られる眠りのこと。

質を高めるには、まずは自分の睡眠の質を確認する必要があります。方法としては、起きた直後の体と対話するというもの。私も毎朝、唾液の味、目覚めの善し悪し（ボーッとしない？　スヌーズ機能を使わずに起きれた？）、体の状態（だるい？　重い？　痛いところはないか？）を自問自答し、睡眠の質をチェックしています。

起きてすぐ、自分の体と対話するのは、少しハードルが高い……。

そう思った方は、睡眠の質を判断するアプリを活用するのも手です。より簡単に、かつ客観的に自分の睡眠をチェックすることができるのです。

睡眠アプリは数多くありますが、私が利用しているのは、寝具メーカー「エアウィーヴ」の睡眠計測アプリ「airweave sleep analysis」(https://airweave.jp/pickup/app/)です。枕元に置いて眠ると身体の動きを感知して、睡眠の深さ、睡眠時間、覚醒時間、睡眠効率などを計測してくれます。毎度驚きなのですが「よく眠れた!」と満足感を感じた時ほど、計測値が高い。頼れるアプリです! また設定した起床時刻の付近で、最も眠りが浅いタイミングで起こしてくれる機能を搭載。こちらも利用し、より気持ちのいい目覚めを実現しています。

睡眠の質がわかったところで、忘れてはならないのが、自分へのフィードバック。前日の過ごし方を振り返り、なぜいい睡眠がとれたのか。しっかり考えます。夕食を早い時間にとったから? お酒を控えたから? 眠る前に肩甲骨をほぐすストレッチを行ったから? シャワーで済ませず、湯船に浸かったから?

何が睡眠の質を高めることにつながったのか、その「答え」がわからないと、本当の意味で、質の良い睡眠を獲得したことにはなりません。

まずは、ご自身の熟睡率を知ることから始めませんか?

4 パジャマに着替えた瞬間、もう自分のことしか考えない

夜、どんな服装でベッドに入りますか？

着古した洋服や、ジャージ、部屋着で寝ている方も多いのではないでしょうか？

そもそも私たちは生活のなかでシーンに合った服装を選んでいるはず。仕事の時はスーツや作業着。運動する時は、ジャージなど動きやすいもの、リラックスしたいときは、締めつけの少ないゆったりした服に着替えますよね？

もちろん、寝る時にだって最適な服装があります。それがパジャマです。

「パジャマは、子どもが着るもの」「大人になってから一度も着ていない！」という人も、多いことと思います。

しかし侮ってはいけません、パジャマの安眠パワーは絶大です。当たり前ですが、パジャマは「寝る」という目的に合わせて作られています。

そのため、清潔を保てる生地、寝返りがスムーズに打てる設計（人は一晩に20～30回

ほど寝返りを打つと言われています）、汗の吸収・発散に優れているなど、睡眠の質が上がる工夫が満載なのです。不快感で目が覚めることもなく、朝までぐっすり眠るのをサポートしてくれますよ。

パジャマの魅力は、実は機能面だけではありません。「活動モード」から「休息モード」へ気持ちを切り替えるという、メリットもあるのです。

制服を着れば学校モード、スーツを着れば会社モード。

前述の通り、人間は、服装が持つ意味を無意識に感じてスイッチが切り替わります。それと同じで、**寝る時は必ずパジャマに着替えることで、眠りへの意識が高まるもの。自分を睡眠ゾーンに持っていくことができるのです。**

この習慣を「スリープ・セレモニー」または「入眠儀式」というそうです。

私も肌触りのいいお気に入りのコットンのパジャマに袖を通したら、あとは寝るための時間と決めています。社長の顔を捨て、仕事のメールチェックなどはせず、完全にオフモード。自分のしたいこと（寝る前のルーティン）だけして過ごすようにしています。とても贅沢な時間です。

そうこうしているうちに、すぐに心地よい眠気が訪れます。寝つきの悪い人にこそ、おすすめしたい習慣です。

5 入眠前は自分を「空」にする 淡々とした儀式を

自分と向き合い、心を静めていく

前述の通り、パジャマに袖を通した後は、決まったルーティンを淡々とこなします。私が毎晩実践しているルーティンの流れは、以下です。

デジタル機器（パソコン、テレビ）のスイッチをオフにする↓部屋を少し暗くする↓フェイスマッサージ（P112参照）↓ふくらはぎのマッサージ↓軽くストレッチ（P164参照）↓ハーブティー（または白湯）を淹れる↓飲みながら、明日のプランをシミュレーションする↓歯みがき、デンタルフロス↓ベッドに入る

スイッチを片っ端から消すのは、デジタル機器が発する強い光を見ると、睡眠を促すメラトニンの分泌が減少して安眠を妨げてしまうため。同様に部屋の明かりもメラ

トニンの分泌をストップしてしまうので、間接照明に切り替えます。

ふくらはぎのマッサージは指の腹を使って、足首からひざまでしごき上げます。老廃物をひざまで流すイメージで、強めの力でスライドするのがポイントです。

その後、軽くストレッチ。夜、細胞の修復や排泄（デトックス）が行われるため、「寝ている間に、リンパが流れやすくなりますように」という一心で励みます。

そしてハーブティを飲みながら、明日のプランをシミュレーションするのですが、ここが大切。決して、仕事の予定を確認するのではありません（パジャマを着た時点で、仕事のことは考えないようにしています）。

1日を振り返り、体に良かったこと、悪かったことがなかったかを考えるのです。反省点があれば、翌日に取り戻せるようにプラン立てします。たとえば「昼食にラーメンを食べてしまったから、明日は体に優しいものにしよう」など。

良かった点があれば、自分を労（ねぎら）い、くり返しの習慣になるように努力します。振り返ることで気付くことも多いので、この時間は若返りを実践するうえで大切です。

夜のルーティンをひとつひとつクリアしていくと、同時に背負っていたものを下ろしていく感覚を味わいます。頭のなかが空になり、心が静まっていく感覚は心地よく、癖になりますよ。みなさんもぜひ、寝る前に儀式を。

6 寝る前のストレッチがこんなにも大切な理由

安眠を導き、翌日の食欲を自然にセーブ！

就寝前のストレッチは、質の良い睡眠につながります。寝る前に筋肉を曲げ伸ばし、体をほぐすことで、副交感神経が優位になり、体の余計な力が抜けて、眠る準備に入りやすくなる。結果、質の良い深い睡眠を得ることができるのです。

質の高い睡眠をとれば、ダイエットにプラスの働きをもたらしてくれます。というのも、脳や体がしっかりと休息すると、睡眠不足の時に増加する「食欲増加ホルモン」のグレリンが減り、食べ過ぎを防ぐ「レプチン」の量が増えるので、日中の食欲が自然と抑えられるのだそう。「寝不足だと太る」と言われるのは、このためです。

またむくみの放置は、肌のたるみやセルライトの原因。翌日に持ち越さないためにも、夜のうちに固まった筋肉をほぐして、むくみをリセットすることは大切です。ちなみに、股関節には大きなリンパ節があるので、開脚といった股関節まわりをほぐす

ストレッチがおすすめ。滞ったリンパが気持ちよく流れますよ！

あとは、昔ながらの健康体操ですが、「手足ブラブラ体操」も実践しています。仰向けになり天井に脚と腕を上げ、足首と手首をブルブルと震わせるだけ。30秒程度でOKです。末端の冷えやむくみに悩んでいる人におすすめです！

手を後ろで組み、手のひらを外に向ける「胸のストレッチ」もいいですよ。日中はデスクワークなどで前かがみの姿勢になりやすく、胸の筋肉は1日中緊張しています。放っておくと猫背姿勢にもつながってしまうため、胸を開くよう心がけています。

効果を得るためのポイントは、自分が気持ちいいと思う強度で行うこと。寝る前なのであくまでもリラックスを目的にして、体を興奮状態にさせないよう「ゆるめ」のストレッチを心掛けましょう。

タイミングは、寝る直前に行っても構いませんが、おすすめは入浴後ですね。体の芯からポカポカと温まっているため、筋肉が伸びやすくなっており、ストレッチの効果がより高まります。また、血行がいいと老廃物の排出もスムーズに行われるため、セルライトを退治するにも、ベストなタイミングと言えるでしょう。

よく動いた1日の終わり。仕事や家事で凝り固まった体をしっかりほぐして、心身を快眠へと導いてあげましょう。

7 ベッドは聖域。日常のくつろぎスペースにしない

ベッド＝寝る場所と脳と体に思い込ませる

スマホをいじったり、本や漫画を読んだり、お菓子を食べたり、テレビを観たり、ベッドの上でダラダラ過ごしていませんか？

もしこれらのことをしていて、夜なかなか眠れないなら、それは仕方のないことかもしれません。なぜなら、脳が「ベッドはくつろぐ場所」と意識づけし、寝る場所ではないと認識している可能性があるからです。

突然ですが、みなさんは「パブロフの犬」という有名な実験をご存知ですか？

この実験は、犬に餌をあげるときにベルを鳴らすということを続けた結果、ベルの音を聞いただけで犬がよだれを垂らすようになったというもの。つまり、犬は「ベルの音＝餌をくれる」と無意識のうちに刷り込まれ、条件反射となってしまったのです。

同じことは、人間にも当てはまります。この原理を利用して「寝室＝寝る場所」とい

う条件づけをしていくのです。

では、どうしたらいいか？　答えは簡単です。

ベッドでは寝る以外、何もしなければいいのです。

そう心がけていると、ベッドに横たわるだけでも、体は「これから睡眠に入る」と反射するようになります。

寝室で余計なことはしないためには、本、漫画、パソコン、お菓子などを持ち込まないことも大切。**スマホを目覚まし代わりにしている方も多いと思うのですが、スマホの発する光（ブルーライト）は非常に強く脳が覚醒してしまうため、注意が必要です。**

またベッドに入るタイミングも、寝る直前がいいでしょう。

私自身、元々寝つきが悪いほうだったのですが、ベッドの上でくつろがないようにしただけで、眠りに入るスピードが格段にアップしました。

それに枕が変わっても、旅先でもスムーズに眠りに入れるように。職業柄、出張も多いので「いつでもどこでも、スムーズに寝入り、ぐっすり眠ることができる」というのは、非常にありがたい能力です。

なかなか寝つけない人は、今晩からベッドで何かをする習慣を改めてみてはいかがでしょうか。

8 それでも眠れない夜のために覚えておきたいこと

寝つけない時は、ただ「呼吸」に集中する

大事な会議がある日に限って、前の晩眠れないことってありますよね。「早く眠らなくては！」と焦る気持ちがかえって緊張感をもたらして、寝つきを悪くしているのかもしれません。

私も同じで、うまく歯車が合わず、寝つきの悪い日があります。

以前は潔くベッドから出て、温かいハーブティーを飲んでみたり、読書をするなど、何か気分転換になるようなことをしていました。そして少しでも眠気を感じたら、すかさずベッドへ戻ることで、寝つきの悪さを解消していたのです。

それも効果的だと思うのですが、今は**寝つけない日は「呼吸」に集中します。**

寝つけない夜を思い出していただきたいのですが、時間だけが刻々と過ぎていき、その焦りや不安から呼吸が浅くなっていませんか？　前のめりの姿勢で、胸郭が潰れ

て、呼吸はしにくくありませんか？

こうして呼吸が浅い状態だと、「活発・興奮」の働きを持つ交感神経が優位に働いてしまうため、どんどん目が冴えてきて、余計に眠れなくなるものです。

そこで効果を発揮するのが「呼吸法」です。私が実践している呼吸法をご紹介します。

①あお向けになり、両手で自分を抱きしめて、そのまますっと手を下ろす（横隔膜が正しく作用する姿勢をとるため）
②脱力したポーズのまま、まずは口から息を完全に吐き出す
③鼻から深く息を吸い込む。胸は動かさない
④おなかが引っ込むのを感じながら、口から息を吐き出す
⑤これを繰り返す

この時、呼吸だけに意識を集中することで、「マインドフルネス瞑想」と同様の効果が得られますよ。呼吸と眠気は一見何も関係がないように思うかもしれません。しかし、呼吸を深いものにすることで、副交感神経を意図的に優位にし、自然な眠気を導くことができるのです！　どうか強く信じてください。

SKILL.8 SWITCH

若返る色、「ファースト・ピンク」にすべてを託せ

年を重ねると、濃い色のほうが映える？
いいえ、万人の手を若々しく見せるカラーは
ファースト・ピンク。これに決まりです。
白寄りの薄いピンクでみずみずしい発色。
健康的な爪の色は、若々しさを演出します。

1 若返る色、「ファースト・ピンク」にすべてを託せ

万人の手を若々しく見せる、奇跡のカラー

流行りのカラーでネイルしてみたけど、手がくすんで見える気がする、思ったよりかわいくない……。そんな経験をしたことがある方も多いのでは？

残念なことに肌の色に合っていないカラーを選ぶと、手がくすんで、手元年齢が一気に引き上がってしまう可能性があるのです。

しかしご安心を。肌の色に関係なく、どなたでも若く見えるカラーがあるのです。

その名も「ファースト・ピンク」。

ラメやパールもなく、白寄りの薄いピンクでみずみずしい仕上がり。肌なじみが良く、健康的な爪の血色に近いカラーを私はこう名づけました。といっても、具体的な商品名を教えてほしいですよね。それは、ＯＰＩ「Ｈ39」です。

ＯＰＩと言えば、塗りやすさと高発色が魅力。プロのネイリストはもちろん、セル

フネイル派に絶大な人気を誇るポリッシュです。カラーバリエが豊富なのですが、若々しい手元を目指すのであれば、個人的には「H39」の一択です。P124で、健康的な爪の色は、若返り効果が期待できるとお伝えしましたが、「H39」はまさにそれを体現したような1本。塗るだけで、ケアが行き届いた健康的な爪が手に入るのです。「こんなピュアなピンク、自分には似合わない！」と思われましたか？　そんなことはありません。年齢を重ねると、ついつい濃い目のカラーを選びがちですが、「H39」のように健康的な爪に見えるカラーを選択すると、若々しい手元を演出できますよ。

時に、アイテムに全力で頼って、若さに磨きをかけるのも手です。

OPI ネイルラッカー
NL H39 イッツ ア ガール！

15ml / 2,000円（税抜）
オーピーアイ ジャパン（ワンワード）
☎0120-559-330
※実際の色はネイルステーション店頭などで確認いただけます

2 かかとを磨くと、艶っぽい女性になれる

潤いをたたえたかかとは、色気がある！

かかとには皮脂腺がないため、水分を保持する力が弱く、乾燥しやすいという特徴があります。ゆえにケアを怠ると、角質が硬くカッチカチになったり、白い粉を吹いたり、ひび割れしたり……。それでは素敵なサンダルを購入しても、ネイルを念入りにぬっても、一気に老けて見えてしまうもの。いつまでも若い印象を保ちたいならば、かかとの角質はきちんとケアすべきです。

お手入れ方法としては、クリームを塗るなどの保湿が大切。そのうえで角質の厚みが気になる人は、かかと専用のやすりを使用して、優しく取り除きましょう。P61にて詳しい方法を紹介していますが、力の入れすぎには注意。一度に全部削ろうとすると、肌が傷ついてしまう可能性があるので、少しずつケアするのが正解です。ケア後は、保湿クリームで脂分をきちんと補うことが大切です。

SKILL.8
SWITCH

足用のやすりは数ありますが、私のサロンで必ずおすすめするのは「ビューティフット」。

定番アイテムですが、握りやすく、やすりの面積が大きく、とても使いやすいです。やすりの荒さは2種類。硬くなったかかとには粗めのほうを、土踏まずなどにはカーブ面の中目のほうと、パーツによって使い分けることも可能です。何より、1000円以内とリーズナブル。定期的に買い替えができるので、衛生的に使用できます。

秋冬は、夏に比べて素足になる機会が減るため、ケアを怠りがち。潤いをたたえたかかとはとても魅力的です。色気のある艶っぽい女性に見せてくれますよ。

ビューティーフット

900円（税抜）
ピー・シャイン
☎03-3948-1221

3

奇跡の若返りオイル「アルガンオイル」ですべてが叶う

若返りビタミンを高配合。肌悩みを一掃！

日々エイジングケアに励んでいる方には、オイル系の美容法を行っているという方も多いことでしょう。中でも最近注目を集めているのが、アルガンオイルです。

アルガンオイルは、モロッコに自生している植物「アルガンツリー」から抽出したオイル。夏場の限られた期間しか収穫が許されておらず、落ちた実だけを採取する決まりとなっているため、非常に希少なオイルと言われています。

奇跡の若返りオイルと言われる所以は、ビタミンEの含有量（なんとオリーブオイルの3〜4倍含まれているそう！）。ビタミンEは、いわば若返りに必須なビタミン。強力な抗酸化作用により活性酸素を抑え、肌のしわを改善したり、メラニン色素の生成を抑え、美白効果なども期待できます。

ただ、どの商品でもいいわけではないようです。市場には様々な商品が流通するよ

うになりましたが、なかには粗悪なものも。山羊の糞となって吐き出された実を使って製造されたものもあるそうです。

私が愛用しているのは、ＳＵＬＡ ＮＹＣの「アクティブ・エディション　アンセンティッド」。（動物による被害を抑えるために）徹底管理されたアルガンツリーの生息地で収穫した実を使用。コールドプレス製法で必要な栄養素を存分に残した１００％オーガニックのアルガンオイルです。

浸透率が高くべたつかないので、顔や身体はもちろん、全身に使用できます。私は頭皮マッサージをする際に使用したり、爪や髪のケアにも使用しています。目元・口元のシワなどの集中ケアにも最適です。

Active Edition Unscented

20ml/3,950円（税抜）
SULA NYC JAPAN Co., Ltd.
☎03-6362-9441

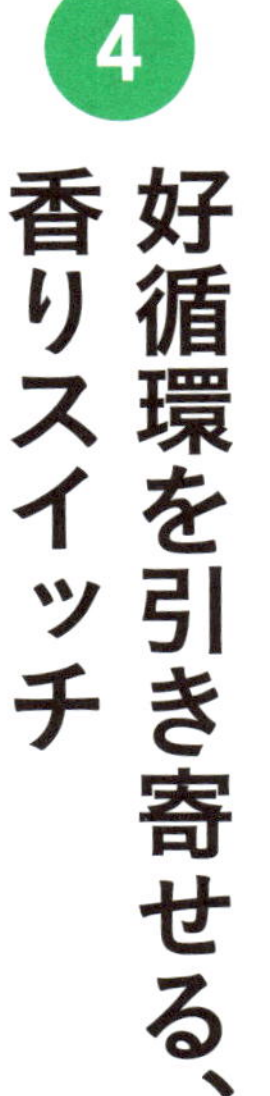

4 好循環を引き寄せる、香りスイッチ

香りは、美の中だるみを防いでくれる！

日々家事と育児、仕事、雑務に追われ、ついつい女性であること、男性であることを忘れてしまっていませんか？

その気のゆるみは、若返りを実践するうえで大敵です。せっかく整えた生活習慣が乱れたり、「まぁ、いいか！」と油断が生じて、体型や見た目年齢が（悪いほうに）変化してしまう可能性大なのです。

そんなときに、頼りになるのが香り。

香りは、人の感情や行動を司る大脳に直接働きかけ、様々な効果を与えています。

具体的には、人はいい香りに癒されたり（リラックス効果）、気分が高まったり、満ち足りた気分になり、美への意識を高く保つことができるというわけです。

私自身もお気に入りの香りのミストを毎日欠かさずに持ち歩いて、大事な会議や商

SKILL.8
SWITCH

談の前、会食やデートの前、撮影前に、化粧室やエレベーターのなかなどで、シュシュッと顔に吹きかけます。

まずは、その芳醇なローズの香りを深く吸います。心が落ち着くと同時に、気持ちが引き締まり戦闘モードに。キリッとした「勝負顔」に仕上げてくれるのです。さらに、保湿になるので、肌も乾燥知らず！　おかげでいい状態をキープできています。

自身の気分が高まるものなら何でもOKですが、男性ですと化粧水ミストのほかには、フレグランスはいかがでしょう。香水には、単に自分をいい匂いにしてくれるだけではなく、やる気や自信を高めてくれるといった様々な使い方があります。

他にはお気に入りのアロマのルームフレグランスもおすすめですね。やはり満ち足りた気分になり、美意識が高まるものです。

香りではないですが、口紅も好循環を引き寄せるアイテム。セクシーなパーツである「リップ」に、色をのせるという行為自体が気持ちを高めてくれるでしょう。少しビビッドなカラーのほうが、より気分を高めてくれそうですね。

香りは、忘れがちな美への意識を高めるスイッチ。

アイテムの力を利用して、女っぷり、男っぷりを上昇させましょう。

5 白い歯は5歳若返り、黄ばんだ歯は5歳老ける

お口のエイジングケア、始めませんか?

P116でもお伝えしましたが、生涯自分の歯で過ごすことを目標にしています。そのためにデンタルフロスで、虫歯や歯周病予防に努めています。

デンタルフロスは、歯と歯の間の歯垢を除去するアイテム。ホルダーに糸を付けて使うタイプ(糸ようじ)と、糸を切って使用する糸巻きタイプがあります。

個人的には、糸巻きタイプが使いやすいですね。以前は、ホルダータイプを使用していたのですが、歯の出入り部分(歯の上部)を通す時に切れてしまうことも多くて。糸巻きタイプは、指に巻きつけて調節しながら使用するのですが、手前に引っ張って抜くこともできるので、糸が切れにくいのです。

私が愛用しているのは、安定の「ガム・デンタルフロス」。糸が丈夫で切れにくく、ワックス付きなので、滑りが良く狭い歯間にも入りやすいです。水分を含むと、糸が膨ら

SKILL.8 SWITCH

むので歯間にぴったりフィット。効率的に歯垢をかき出してくれますよ。

　歯を美しく保つために、黄ばみ対策にも力を入れています。同一人物でも、歯が黄ばんでいるだけで、5歳は老けて見えてしまいますからね。注意したいものです。**具体的には、ワインやコーヒーなど着色汚れの付きやすい食べ物を口にした後は、口のなかを水でゆすぐようにしています。**また、口のなかが渇くと汚れが付きやすくなるため、ガムを噛んだりして唾液で潤すことで、汚れの付着を防いでいます。

　アンチエイジングといえば、シミやシワ、肌のたるみなど、主に美容面でのケアが重視されがち。しかし、口元も加齢が目立つ部分です。しっかりケアしましょう！

ガム・デンタルフロス
ワックス ふくらむタイプ

40m / 600円（税抜）
SUNSTAR（サンスター）
☎0120-008241

6 心の健康を取り戻し、自愛をはぐくむ「マイボトル」

温かい飲み物は、自分を労るスイッチ

内臓が温まり代謝がアップ、血液循環が良くなる、デトックス効果、冷え性改善……。白湯の若返りパワーを期待して、1日800ml飲んでいます。

以前は、朝と晩に自宅で飲んでいたのですが、今はどこでも飲めるように、保温性の高いマイボトルに入れて持ち歩いています。これが大正解！　以前は目標量が摂れず、夜に慌てて飲んでいたのですが、いいペースでいただくことができるように。

水筒＝子どもが持つイメージだったのですが、売り場に行って驚きました。形もスタイリッシュで、ワンタッチオープン、保温保冷両方に対応など、種類が豊富！

毎日持ち歩くものなので、何でも構いません。ご自身のテンションが上がる、お気に入りのマイボトルを選びましょう。

マイボトル生活を続けて1年ほど経ちますが、意外や意外。体調だけでなく心にも、

いい変化をもたらしてくれました。

経営者として、日中は常に全力疾走。

忙しい毎日を送っていると、休息をとることを忘れがちですが、傍らにあるマイボトルが目に入ると、「ちょっと一息つくか……」という気分に。一から淹れるのは面倒に感じても、手元にあると飲もうという気持ちになるんですよね。

そうしてふーふーっとすすって、一口、二口。

冷たい飲み物と違ってゴクゴクと飲めないので、必然的にゆっくり立ち止まることができます。その時は白湯を飲むことに全神経を集中させて。たった数分のことですが、隅々まで心地よい温もりが広がって、心の緊張をほぐすことができるのです。

そうして立ち止まった後は、「よーし。もうひと頑張りするか！」と、より前向きに仕事に取り組めるようになるものです。

温かい飲み物を飲むという行為は、私たちが想像している以上にリラックス効果があるもの。また、深い充足感を抱くことで「自分を労っている」という感覚を持てるようになるので、美意識を高めるスイッチにもなるのです。

マイボトルにお気に入りの温かい飲み物を入れて、自分を労ってみませんか？

私のように、ハマること間違いなしですよ！

7 美意識高い「インスタント食品」をストック

外食三昧を見直し、出汁生活始めました！

私たちは口にした食べ物から栄養を吸収し、体を作っています。肌も髪の毛も骨も、元を辿れば、口にした食べ物が材料。当然いいものを食べれば、質の良い肌や髪や骨ができます。逆に栄養価の低い食べ物を口にすれば、満たせるのは満腹感だけ。健康面においても、悪い影響を与えてしまいます。

人間が心身ともに若々しく健康に生きていくためには、食事が第一。入院・闘病生活を経て、そう心から実感しました。以来、なおざりにしていた食生活を見直し、なるべく体にいいもの、自炊を心がけるようにしています。

そんな私の自炊ライフを支えてくれているのは「茅乃舎だし」。沸騰後1、2分煮出すだけで本格的なだしが完成。深い味わいと旨味で、衝撃的な美味しさです！　材料の真昆布、鰹節、うるめいわし、焼きあごはすべて国産。化学調味

料や保存料を使わない安全さも嬉しい。

和食って、だしを本格的にするだけで桁違いに美味しくなりますね。味噌汁、煮物、ファスティング明けのお粥……。あらゆる料理に使っています。

出汁生活を始めて、薄味になったのも嬉しい変化の一つ。出汁を味わいたいので、自然と味つけが薄くなったんですよ！

あと出汁の効いた料理は、ハンバーガーやピザなどのジャンクフードに比べて、深い満足感とともに食事を終えられるので、食べ過ぎを防ぐことができます。

こうした調理の手間を省いた食品は、忙しい人の味方！　美や健康にうまくワークしつつ、手軽に食べられる食品をたくさんストックしていると心強いですよ。

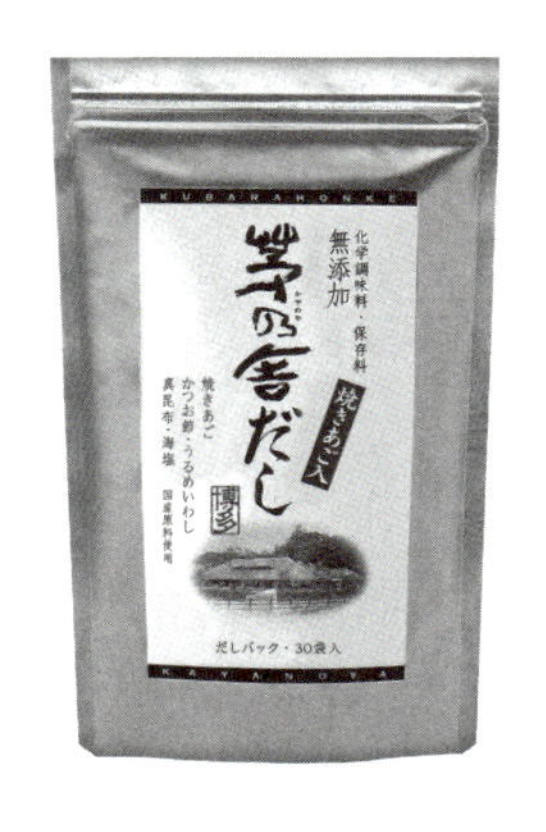

化学調味料・保存料 無添加
茅乃舎だし

8g × 30袋入 / 1,800円（税抜）
久原本家 茅乃舎
☎0120-84-4000

8 活性酸素を除去する、驚異の酵素パウダー

日々、増え続ける活性酸素をバスター！

老化の原因として知られる「活性酸素」。

この活性酸素は細菌などを排除する作用もあり人体に必要なものですが、過剰に発生してしまうと、正常な細胞も傷つけて細胞を酸化させます。結果、肌のシミやしわといった老化現象、動脈硬化など多くの生活習慣病が引き起こされてしまうのです。

P73でもお伝えしましたが、私たちの体には活性酸素から身を守るため、「抗酸化力」が備わっています。しかし活性酸素を増やす要因は多岐に渡るため、元々備わっている抗酸化力だけでは追いつきません。

そのため、**日常的に食品や補助食品、サプリメントなどで補い、抗酸化力を高めておくことが重要なのです。**私が摂っているのは、KAZUMASA KAWASAKI PLANT FERMANTATION FOOD です。白湯に溶かして朝と晩にいただ

だいています。活性酸素を効率よく除去する酵素「SOD（スーパーオキシドディスムターゼ）」が含まれており、活性酸素の浄化に役立つ機能性食品として、美容家の間でも大変注目されています。さらに70種類以上の植物を3年間熟成発酵させた「植物発酵エキス」を配合。最大の免疫器官と呼ばれる腸を浄化し、代謝機能を高めてくれる効果も期待できるそう。

これを飲み始めて、7年。個人的な実感としては体が軽く、毎朝気持ちの良いお通じがやってくるようになりました。寝不足でも、肌の調子もすこぶるいいです。

お値段が張るのですが、本気で若返りを目指す人であれば、一度試してみる価値ありですよ！

KAZUMASA KAWASAKI
PLANT FERMANTATION FOOD

18,000円（税抜）
アルティス
☎03-5774-5530

一生劣化しない、若々しい見た目を手に入れる

昔、周囲にそう宣言した時は、鼻で笑われました。「無理に決まっている」「人は年齢とともに老けていくものだ」と、何度言われたことでしょうか。

それから月日が経ち、今年で52歳を迎えますが、目指した当初より、若々しい見た目を手に入れることができました。30代に間違えられることなど、自分のなかでは当たり前です。また、20歳も年下の女性から告白されたり……自分より年下の知り合いに先輩面されることも多く、日々若返りの威力を感じています。

これは、決して私だけの話ではありません。

本書で紹介したメソッドを自身の生活に取り入れて継続することで、

必ず若々しい見た目は手に入ります。たとえ、今どんなに老け込んでいても。

人は続けることで、個人のポテンシャルに関係なく、天才に勝てる。だから最初の一歩さえ踏み出せば、誰もが必ず「最高の自分」を引き出せるのです。これは、25年間にわたり美容業界に身を置いてきた私の実感から、そしてＨＭｄメソッドで若返りを果たした方々の姿から、心より実感しています。

継続するためには、「楽しむこと」が大事。

本書を通して、お分かりいただけたと思いますが、私はそれぞれのメソッドを心から楽しんで行っています（最早、趣味の領域かもしれません……）。

人間は「楽しい」と感じることができれば、継続は思いのほかスムーズです。逆の言い方をすれば、苦痛に感じるメソッドは続かないので、早々に撤退してよしです。

継続することは、マインドにもいい影響を与えます。

人は自分が決めたことを一貫して続けることで、自信が身につくもの。結果、健全な心が宿り、あらゆることに前向きに取り組めるようになるものです。

前向きで強い精神力があれば、忙しさを言い訳にしたりせず、キレイになるための習慣をさらに増やしたり、毎日欠かさずに続けることができるのです。

好循環の始まりです！

冒頭で、若返りは「能力（スキル）」だとお伝えしました。

当然獲得するためには努力が必要ですが、ちゃんと訓練さえすれば、誰でも手に入れることができる素晴らしいものです。

そうして努力を続けた先には、素敵な自分が待っています。

本来の若さと美しさを取り戻すだけでなく、何にでも挑戦する気力と、大きな夢を持つようになったいきいきとした新しい自分に出会うことができるのです。

私自身、今後も若返りに励んでいきたいと思います。

私の夢は、世の中をマイナス15歳の人たちでいっぱいにすること！

そのためにこれからも「真の若さ」の素晴らしさを伝え続けていきたいと思います。

最後に、出版の機会を与えてくださったタイズブリックの伊藤さん、ワニブックスの青柳さん、吉本さん、そして編集の高木さん、平田さん、弊社プロデューサーの永末さん、そして出版に関わってくれたすべての方々に心より感謝を捧げます。

本書を手にしてくださった皆様が「真の若さ」を手に入れることで健康で美しく、バイタリティに溢れる、楽しい人生を送り続けることができますように。

心からお祈りしています。

２０１７年３月　八藤浩志

一生劣化せず、今すぐ若返る。禁断の8スキル

見た目が若いは、武器になる。

著　者　八藤浩志（はっとう ひろし）

2017年4月20日　初版発行
2017年6月1日　3版発行
発行者　横内正昭
編集人　青柳有紀

発行所　株式会社ワニブックス
〒150-8482
東京都渋谷区恵比寿4-4-9えびす大黒ビル

電話　03-5449-2711（代表）
03-5449-2716（編集部）

ワニブックスHP　http://www.wani.co.jp
WANI BOOKOUT　http://www.wanibookout.com

印刷所　株式会社 美松堂

製本所　ナショナル製本

DTP　アレックス

本書で紹介した方法を実行した場合の効果には個人差があります。また、持病をお持ちの方、現在通院をされている方は、事前に主治医と相談の上、実行してください。

ISBN 978-4-8470-9560-3
Printed in Japan